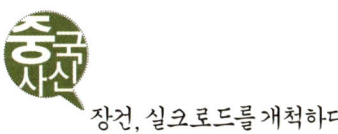
장건, 실크로드를 개척하다

실크로드로 배우는 세계 역사 ❽

중국사신
**장건,
실크로드를 개척하다**

아카넷주니어

▶일러두기
· 일부 나라명과 지명은 해당 지역의 발음에 따라 외래어 용례집을 참고하여 표기하였습니다.
· 장건의 실크로드 이동 경로에서 몇몇 도시들은 생략되었음을 밝혀 둡니다.
· 책에 실은 도판들은 저작권자를 찾아 허가를 받아 사용하였고, 저작권자를 찾지 못한 일부 도판은 최선을 다해
  저작권자를 찾아 사용료를 지불하겠습니다

{실크로드 Silk Road 비단 緋緞 길}

아주 오래전, 자신의 꿈을 이루기 위해 어떠한 위험도 감수하고 실크로드를 건넌 사람들이 있습니다. 하지만 그들이 남긴 글과 그들이 살았던 시대를 기록한 글 어디에서도 '실크로드'라는 말을 찾아볼 수 없습니다. 이 이름은 독일의 지리학자 페르디난트 폰 리히트호펜이 자신의 책인 『중국』(1877)에서 중앙아시아의 고대 교역로를 가리키는 말로 처음 사용했습니다. 이 길을 통하여 운반되었던 고대 중국의 비단(실크) 때문에 붙여진 이름이었습니다. 실크로드는 단순한 교역로가 아니라 세계의 동쪽 지역과 서쪽 지역을 잇는 문명 교류의 통로였습니다.

작가의 말

    2천여 년 전에 우주 여행을 다녀온 사람이 있었습니다. 그 사람은 은하수의 끝까지 가서 직녀의 베틀 받침대를 여행의 기념으로 가지고 돌아왔습니다. 그가 가지고 왔다는 '지기석(베틀을 지탱하는 돌이라는 뜻)'이 아직도 중국 쓰촨 성의 한 공원에 남아 있습니다. 그는 바로 중국 한나라의 사신, 장건입니다.

    사람이 은하수의 끝을 다녀온다는 것은 불가능합니다. 그런데 왜 당시 중국 사람들은 이런 이야기를 지어냈을까요? 장건이 당시 중국 사람들이 불가능하다고 생각했던 일을 해냈기 때문이었습니다. 장건은 지도에도 없고, 어느 누구도 경험한 적 없는 길을 가야 했습니다.

    장건은 한나라와 적국이었던 흉노와 싸우기 위해 흉노의 반대편에 있던 나라인 대월지와 동맹을 맺기 위해 길을 떠났습니다. 그 길은 흉노의 땅을 가로질러 가야 하는 길이었습니다. 장건은 도중에 흉노에게 붙잡혀 10년 동안 포로 생활을 했습니다. 장건은 결국 흉노를 탈출해서 간신히 대월지를 찾아갔지만, 대월지는 장건의 제안을 거절했습니다. 그는 돌아오는 길에 또다시 흉노에게 붙잡혀 포로가 되었습니다. 하지

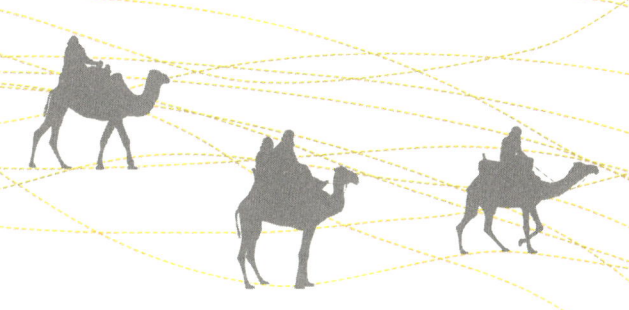

만 불가능을 모르던 이 사나이는 결국 두 번째 탈출에 성공해서 13년 만에 조국으로 돌아왔습니다. 은하수의 '지기석' 대신, 새로운 세계에 대한 지식을 가득 안고서 말입니다.

「실크로드로 배우는 세계 역사」 시리즈는 실크로드에서 활약했던 역사인물들에 대한 이야기를 다루었습니다. 진리를 찾아 떠난 서유기의 삼장 법사, 실크로드를 정복한 칭기즈칸, 동방을 찾아왔던 베네치아의 상인 마르코 폴로, 서쪽의 실크로드를 열었던 알렉산드로스 대왕을 만났습니다. 또한 『왕오천축국전』에 실크로드를 담은 혜초 스님, 8세기 실크로드를 정복한 고선지 장군, 9세기 동아시아 바닷길을 장악한 해상왕 장보고는 실크로드가 우리 역사의 한 무대임을 확인시켜 주었습니다.

「실크로드로 배우는 세계 역사」 시리즈의 여덟 번째 책 『중국 사신 장건, 실크로드를 개척하다』의 주인공은 실크로드의 동쪽 길을 열었던 장건입니다. 실크로드는 유라시아 대륙이 하나의 길로 연결되어 교류와 교역을 펼쳤던 빛나는 공간입니다. 알렉산드로스가 서양에서 인도까지의 길을 열었다고 하더라도 동양의 강대국인 중국과 연

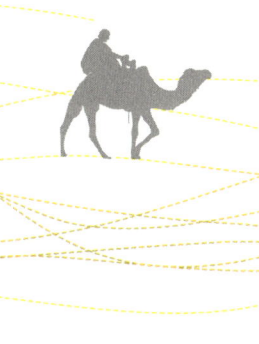

　결되지 않았다면, 실크로드의 역사는 빛이 바랬을 것입니다. 장건은 험난한 산맥과 높은 고원, 그리고 끝없는 사막으로 펼쳐진 동쪽 실크로드의 머나먼 길을 걸어서 중국을 서쪽 세계와 연결시켰습니다. 그는 동쪽 실크로드를 개척하여 실크로드 전체를 하나의 길로 완성시킨 것입니다.

　장건이 실크로드를 개척했던 것은 한나라와 흉노의 대결과 관련이 있습니다. 장건이 활동했던 당시에는 흉노가 실크로드의 중심에 있었습니다. 한나라는 매년 흉노에게 각종 선물을 바치며 눈치를 봐야 하는 신세였습니다. 한나라는 흉노보다 더 뛰어난 경제력과 문화를 가지고 있었지만, 흉노와 실크로드 세계를 제대로 이해하지 못하고 있었습니다.

　장건은 한나라에 새로운 세계와 놀라운 정보들을 소개해 주었습니다. 한나라는 장건의 정보력 덕분에 흉노의 약점을 알게 되었습니다. 또한 흉노를 이기기 위해서 군사력뿐만 아니라 이웃 나라와의 외교에도 많은 노력을 기울이게 되었습니다. 장건의 노력으로 한나라는 서쪽의 여러 나라들과 동맹을 맺게 되었고, 서역의 우수한 물품

들은 한나라의 힘을 더욱 키워 주었습니다. 또한 장건이 열었던 동쪽의 실크로드가 훗날 알렉산드로스가 열었던 서쪽 실크로드와 연결되면서, 동양과 서양을 연결하는 실크로드가 완성되었습니다. 동양과 서양의 교류와 교역이 이 길을 통해 활짝 꽃필 수 있었습니다.

　장건은 누구도 가 보지 못했던 길을 갔기 때문에 사람들에게 존경을 받았습니다. 장건의 벼슬은 외교 업무를 담당하는 최고 책임자에 이르렀고, 그가 방문했던 서역 나라들은 장건을 신뢰했습니다. 한나라의 젊은이들은 장건을 본받기 위해 장건이 걸었던 미지의 세계를 향해 떠났습니다.

　이제 우리의 차례입니다. 지금부터 우리도 장건을 따라 실크로드 세계로 여행을 떠나 봅시다.

　　　　　　　　　　　　　　　　　　　　　　　　　　　　김대호

[차례]

○작가의 말 6
○실크로드의 개척자, 장건 14

1장 거대한 벽, 흉노
어린 시절 24
사신 모집 공고 30
흉노에게 붙잡히다 38

2장 대월지를 찾아서
10년 만에 찾아온 탈출 기회 48
서역을 가로질러 대월지를 가다 54
대월지, 복수를 포기하다 62
두 번째 탈출과 귀환 68

3장 실크로드에서 웃고, 실크로드에서 울다
서역으로 통하는 문이 열리다 74
장건, 새로운 교역로를 제안하다 79
죽음의 위기를 넘기다 85

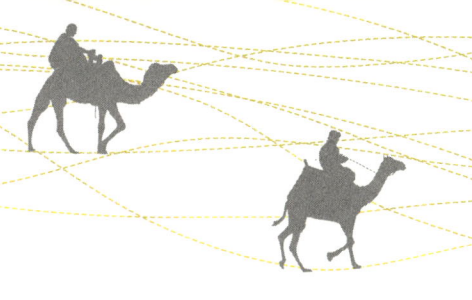

4장 마침내 열리는 실크로드

다시 서역으로! 96

절반의 실패, 절반의 성공 104

실크로드의 은하수가 되다 110

○ 실크로드로 배우는 세계·문화·역사 118

장건은 어떤 사람일까요?

장건이 개척한 실크로드

장건이 활동했던 시기의 실크로드 세계

한나라 무제의 정복 활동

실크로드의 동쪽, 기원전 2세기의 우리나라

장건의 실크로드 이동 경로

세계 역사 연표

○ 찾아보기 139

○ 사진 출처 143

▶ 치롄 산맥

[실크로드의 개척자, 장건]

　기원전 126년 가을, 한나라 수도 장안의 가장 큰 도로에 궁궐수비대가 똑같은 말발굽 소리를 내며 당당하게 행진하고 있었습니다. 늠름한 기마병들은 좌우로 나란히 행진하며, 중앙에 있는 흉노족 옷차림을 한 두 사람을 호위했습니다.

　장안 사람들은 두 사람이 귀국했다는 소식에, 거리로 나와 신기한 듯 바라보았습니다.

　"장안을 떠날 때는 정말 굉장했는데 말이야. 두 사람밖에 돌아오지 못했나 봐. 얼핏 보면 흉노족같지 않아?"

　"그때는 굉장했지. 100명이 넘는 사신단이 온갖 진귀한 물건들을 가득 싣고 떠났잖아."

　"정말 흉노 제국의 서쪽에 있는 월지라는 나라에 다녀왔을까? 서역의 나라에 간다는 게 가능한 거야? 얼마 만에 돌아온 거야?"

　"13년 만이라지. 흉노에게 붙잡혀서 죽었다는 소문이 파다했잖아?"

　"흉노에게 붙잡히면 죽음을 면치 못하는데, 10년 만에 살아서 도망친 것도 대단하지만 그 먼 서역의 나라를 다녀왔다고 하니 도저히 믿어지지가 않아."

　장안 사람들은 양털 옷을 입은 두 사람에게서 눈을 떼지 못하며 소문들이 사실인지에 대해 이야기를 나누었습니다.

▶ 양관 고성
양관은 간쑤 성 둔황 시내에서 70킬로미터 정도 떨어져 있다. 양관은 중국에서 서역으로 가는 남쪽 관문이었다.

　13년 전 한나라를 괴롭히던 흉노를 무찌르기 위해서 백성들의 온갖 기대를 안고 사신으로 떠났던 장건이 이제야 돌아왔기 때문입니다. 장건이 사신으로 떠난 곳은 지금까지 한나라 사람들 중에 어느 누구도 가 보지 못했던 '월지'라는 나라였습니다. 적국인 흉노를 가로질러 그 반대편에 있다는 소문만 있을 뿐 지도에도 없는 나라를 찾아 나선 장건이었습니다.

　하지만 그 후에 장건의 소식을 들은 사람은 아무도 없었습니다. 사람들은 그가 흉노족에게 잡혀서 죽었을 것이라고 생각했습니다. 아득한 전설이 되어 버린 장건이 실제로 살아 돌아오자, 장안 사람들은 그가 은하수의 끝까지 다녀왔다는 새로운 전설까지 만들어 내기 시작했습니다.

장건은 궁궐수비대의 안내를 받으며 황제가 있는 궁궐 안으로 들어갔습니다. 황제는 궁궐 한가운데의 높은 보좌 위에 앉아 있었고, 신하들은 그 아래에 나란히 서서 장건을 기다렸습니다. 장건은 황제 앞으로 나아갔습니다.

"사신 장건, 황제 폐하의 명을 받들어 월지에 다녀왔습니다."

장건은 감격에 벅찬 목소리로 황제에게 자신이 돌아왔음을 알렸습니다.

"장건! 자네가 죽은 줄 알았어. 이게 도대체 얼마 만인가? 13년 만이야, 13년! 이렇게 기적처럼 살아서 돌아오다니, 믿어지지 않는군. 하늘이 흉노를 멸망시키라고 자네를 다시 살려 보낸 준 것이 틀림없어!"

황제도 장건이 살아서 돌아온 사실이 믿어지지 않았습니다. 무제는 장건을 사신으로 떠나 보낼 때 월지가 어디에 있는지조차 몰랐습니다. 또한 장건이 위험한 흉노 땅을 지나가야 하기 때문에 그가 임무를 마치고 돌아올 것이라는 기대를 크게 하지 않았습니다.

3년이 지나고, 5년이 지나도 장건이 돌아오지 않자, 황제는 실낱같은 희망마저 버릴 수밖에 없었습니다. 모든 희망을 포기한 순간, 장건이 살아서 황제 앞에 다시 나타난 것입니다.

"폐하, 신은 지난 13년 동안 폐하께서 주신 이 부절을 단 한 번도 제 손에서 놓치 않았습니다. 사신의 임무를 끝냈으니, 폐하께 다시 바치겠습니다."

장건은 13년 전에 황제로부터 받은 부절을 품속에서 꺼냈습니다. 한나라의 사신임을 증명해 주었던 신분증이었습니다. 흉노에게 잡혀 있을 때도, 서역의 나라인 파르티아와 월지에 갔을 때도 장건은 항상 부절을 지니고 있었습니다. 부절은 원래의 자리를 찾아 다시 돌아왔습니다.

▶ [월지]
중앙아시아 아무다리야 강 유역에서 활약한 이란계 또는 투르크계 민족.

▶ [파르티아]
기원전 3세기 중반 이란계 유목민이 이란 동북부에 나라를 세우고, 470여 년간 다스렸던 고대 왕국.

장건의 실크로드 개척

장건은 실크로드를 개척해서 그 이름을 역사에 남긴 한나라의 사신입니다. 한나라의 제7대 황제였던 무제는 강력한 적이었던 흉노를 공격하기 위해, 흉노 서쪽의 대월지와 동맹을 맺고 싶어 했습니다. 하지만 당시 한나라는 대월지에 대한 정보가 전혀 없었습니다. 장건은 황제의 명에 따라 기원전 139년 무렵 대월지에 사신으로 떠났습니다. 장건은 흉노의 영토를 지나다가 바로 붙잡혔으며, 10년 동안 흉노족과 함께 생활했습니다. 그는 10년 만에 흉노 땅에서 탈출하는 데 성공해 기원전 129년 무렵에 미지의 땅 대월지에 도착했지만, 동맹을 맺지 못했습니다. 장건은 장안으로 귀국하던 중에 또 다시 흉노에게 붙잡혔지만, 흉노의 혼란을 틈타 기원전 126년 한나라로 돌아왔습니다. 그후 장건은 한나라에 실크로드 세계에 대한 많은 정보를 알려 주었습니다. 그가 전해 준 정보는 흉노를 정복하는 데 큰 기여를 하게 되었고, 장건은 제후의 자리에 오르게 됩니다.

기원전 119년, 장건은 실크로드의 유목 국가였던 오손과 동맹을 추진하기 위해 다시 사신으로 파견되었습니다. 비록 두 번째 사신 임무에서도 목표를 이루지 못했지만, 실크로드의 많은 나라들이 장건의 제안을 받아들여 한나라와 교류를 하게 되었습니다. 장건의 사신 파견으로 한나라와 서역 간의 교류와 교역의 길이 열린 것입니다.

흉노 서쪽의 실크로드 세계는 한나라의 지도에는 표시되어 있지 않았던 미지의 세계였습니다. 장건은 중국인 최초로 그 세계를 개척했습니다. 그래서 중국인들은 장건을 '착공인(鑿空人)', 즉 미지의 세계를 뚫은 인물이라고 평가하고 있습니다.

실크로드 개척자 장건

▶ 장건의 실크로드 이동 경로

로마
아테네
콘스탄티노플
흑해
지중해
안티온
카불
강거
페르가나
람지성
대월지
파미르
카슈가르
히말라야 산맥
파르티아
아라비아
아라비아 해
인도
인도양

- 1차 이동 경로
- 2차 이동 경로
- 2차 부사절의 경로
- 육지 실크로드 경로

▶ **1차 실크로드 이동 경로** | 장안 – 농서 – 우웨이 – 장액 – 거연택 – 노구수(10년간 감금)

1장 거대한 벽, 흉노

장건은 한나라의 작은 시골 마을에서 태어났습니다. 한나라는 건국 이래 흉노의 괴롭힘에서 벗어나지 못하고 있었습니다. 열여섯 살에 왕위에 오른 한나라의 황제 무제는 흉노의 서쪽에 있는 월지국과 동맹을 맺어 흉노를 공격하려는 계획을 세웠습니다. 무제는 월지에 파견할 사신을 공개적으로 모집했습니다. 사신에 뽑힌 장건은 월지에 가기 위해 장안을 떠나 위험한 흉노의 땅으로 향했습니다.

[어린 시절]

"얍! 타~핫!"

마을에서 조금 떨어진 야산에서 한 소년이 기다란 봉을 휘두르고 있었습니다. 봉이 허공을 가를 때마다 울려 퍼지는 우렁찬 기합 소리에 풀벌레들도 겁을 먹었는지 잠시 숨을 죽이곤 했습니다. 잠시 후 봉술 훈련을 마친 소년이 봉을 내려놓고 가쁜 숨을 몰아쉬며 땀을 닦습니다. 그때 한 사람이 소년을 향해 다가왔습니다.

"장건, 도대체 언제부터 여기에 있었던 거야? 자다가 일어나 보니 네 녀석이 없기에 분명 여기에 있을 거라고 생각했어."

둘째 형이었습니다. 형은 무술 연습을 하고 있는 장건을 못마땅한 얼굴로 쳐다보며 잔소리를 늘어놓았습니다.

"고된 농사일에 지쳤을 텐데, 날마다 늦은 시간까지 무술 훈련을 하는 네 녀석도 참 대단해. 하지만 이런 시골에서 무술 훈련을 해 봤자 뭐가 달라지겠어?"

장건은 어릴 때부터 한나라를 괴롭히는 흉노를 혼내 주겠다는 말을 자주 하곤 했습니다. 형은 이런 장건을 무시했습니다. 하지만 장건은 언젠가 장군이 되어 흉노를 물리치겠다고 결심하고, 무술 연습을 게을리하지 않았습니다.

형은 자신의 말에 대꾸도 하지 않는 동생이 괘씸했는지 계속 빈정거렸습니다.

흉노
기원전 5세기~기원후 5세기 현재의 몽골 지역과 중앙아시아, 그리고 유럽에서 활동했던 유목 민족.

"겨우 그런 실력으로 흉노 기마병에 맞서겠다는 거야? 너 같은 녀석들만 군대에 있으니까 우리 한나라가 매번 흉노군과 싸워 보지도 못하고 항복만 하는 거야."

"제발 그 입 좀 다물어! 몽염 장군이 흉노 군대를 물리쳐서 만리장성 밖으로 쫓아낸 이야기도 못 들어 봤어?"

무술 연습을 하던 장건은 형을 노려보며 성난 말투로 말했습니다.

> **몽염**
> 진나라의 장군으로 시황제(진나라 제1대 황제)가 중국을 통일할 때 큰 공을 세웠다. 기원전 214년, 중국 허난 성을 점령하고 있던 흉노를 쫓아내고 만리장성을 완성했지만, 시황제가 죽은 뒤 모함을 받자 자살했다.
>
> **유방 황제**
> 한나라의 제1대 황제 고조(재위 기원전 202~기원전 195). 진나라 말기에 항우와 함께 군사를 일으켜 진나라를 멸망시켰다. 이후 항우와 대결해서 승리한 뒤 중국을 통일하고 한나라를 세웠다.

"물론 들어 봤지. 하지만 그 이야기는 진나라 때 일이잖아? 지금의 한나라가 세워진 후에는 흉노와 싸워서 단 한 번도 이겨 보지 못했잖아. 유방 황제도 흉노 군대에게 패해 가까스로 살아 돌아온 거 몰라?"

중국을 통일하고 한나라를 세운 유방 황제는 시도 때도 없이 공격해 오는 흉노 때문에 골머리를 앓고 있었습니다. 유방 황제는 나라의 기강을 잡고자 직접 32만 명이나 되는 군대를 이끌고 흉노를 물리치기 위해 길을 떠났습니다.

한나라 군대는 흉노의 근거지를 공격할 때마다 승리를 거두었습니다. 유방 황제는 흉노를 물리치고 그 넓은 땅을 차지할 생각에 기뻤습니다. 하지만 이 모든 것은 흉노의 교묘한 작전이었습니다.

백등산
중국 산서 성 다퉁 동남쪽의 평성 현에 있는 산.

묵특 선우
흉노 제국의 제2대 선우(재위 기원전 209~기원전 174). 묵특 선우는 동쪽에 있던 강력한 동호를 정복하고, 서쪽의 월지도 정복해 멀리 쫓아냈다. 다시 남쪽을 공격해서, 흉노와 한나라와의 경계에 있었던 작은 나라들을 정복한 뒤 한나라와 국경을 접하게 되었다.

선우
흉노 제국의 황제를 가리키는 말로 선우 밑에 여러 명의 왕을 두었다.

한나라 군대가 백등산에 머물렀을 때, 흉노의 묵특 선우가 지휘하는 40만 명의 기마병이 그곳을 겹겹이 에워쌌습니다. 한나라 군대는 7일 동안 백등산에 갇혀 꼼짝도 못 했습니다. 식량은 다 떨어졌고, 군사들은 지쳐 갔습니다. 결국 흉노군에게 항복한 유방 황제는 수치스러운 약속을 하고 난 후에야 간신히 살아 돌아올 수 있었습니다.

유방 황제와 흉노가 맺은 약속은 흉노의 선우가 형이 되고 한나라의 황제는 아우가 되기로 한 것입니다. 그뿐만 아니라 한나라의 공주를 흉노 선우에게 시집보내고, 매년 많은 양의 황금과 비단, 술, 음식 등을 흉노에 보낸다는 조건도 붙었습니다. 유방 황제가 흉노군에게 패배한 이후 50년이 넘도록 한나라는 이 굴욕적인 약속을 지켜야만 했습니다.

"비록 지금은 우리가 힘이 부족하지만, 언젠가 위대한 황제가 나타나 흉노를 물리칠 거야! 그리고 우리가 힘이 좀 부족하면 어때? 흉노를 싫어하는 다른 나라와 동맹을 맺고 함께 공격하면 흉노를 이기지 못할 것도 없어!"

"네 말처럼 쉽지 않을걸? 흉노의 선우가 적의 왕을 죽여서 그 해골을 술잔으로 사용한다는 소문이 돌고 있는 건 너도 알잖아. 감히 누가 무시무시한 흉노와 싸우려고 하겠어? 우리는 절대 흉노를 이길 수 없어!"

장건은 형의 말에 더 이상 대꾸할 수 없었습니다. 아직까지 흉노와 싸워서 이긴 나라가 있다는 말을 들어 보지 못했으니까요.

장건은 한숨을 쉬며 서쪽 밤하늘을 올려다보았습니다. 여름 밤하늘에는 촘촘하게 박힌 별들이 무리를 지어 떠 있었습니다. 장건은 별을 보며 반드시 흉노를 몰아낼 방법을 찾고야 말겠다고 다짐했습니다.

몽염 장군의 흉노 정벌과 만리장성

몽염 장군의 집안은 할아버지 때부터 진나라의 장군을 맡아 왔습니다. 특히 몽염은 자객으로부터 진나라 시황제의 목숨을 구해 주어서 더욱 신임을 얻었습니다. 시황제는 몽염에게 30만 명의 군사를 주어서 흉노를 몰아내고 북쪽 국경을 지키게 했습니다. 몽염은 기원전 214년, 허난 성을 점령하고 있던 흉노를 물리쳐 북쪽으로 몰아내고, 지금의 네이멍구 자치구 남쪽에 해당하는 오르도스 지방까지 국경을 넓혔습니다. 몽염 장군은 이곳에 성을 쌓아 요새를 만들었으며, 완벽한 방어 태세를 갖추기 위해 이전에 쌓았던 성들과 함께 연결했습니다. 만리장성은 몽염 장군이 쌓기 전에도 존재했습니다. 춘추전국 시대(기원전 770~기원전 221)에 기마병을 앞세운 강력한 흉노를 막기 위해 각 나라들이 부분적으로 산성을 쌓았습니다. 중국을 통일한 진나라의 시황제가 더욱 세력이 커진 북쪽의 흉노를 막기 위해 몽염 장군에게 증축을 명령했습니다. 이후 진나라가 멸망한 후 들어선 왕조들이 만리장성의 개보수를 계속했습니다. 그러다 6세기 남북조 시대에 원래 장성의 위치보다 남쪽으로 옮겨 현재의 위치에 장성을 쌓았습니다. 이후 명나라 때 대대적인 개보수 작업이 이루어졌는데, 그때도 몽골 초원에서 활동한 유목 민족인 몽골을 견제하기 위해서였습니다. 그때 쌓은 만리장성이 현재에 이르고 있습니다. 만리장성은 약 2천 700킬로미터이며, 중간에 갈라져 나온 지선들까지 합하면 무려 약 5천~6천 킬로미터에 이릅니다. 도저히 인간이 쌓았다고는 믿기 어려울 정도로 길이가 길었기 때문에, 세계 7대 불가사의 중 하나라고 합니다.

▶ 만리장성

[사신 모집 공고]

무제
중국 한나라의 제7대 황제(재위 기원전 141~기원전 87). 적극적인 군사 활동을 펼쳐 영토를 크게 확장했다. 북쪽의 흉노, 서쪽의 페르가나, 남쪽의 여러 왕국, 그리고 동쪽의 고조선을 멸망시키고 한나라의 전성기를 이룩했다.

월지
중국 전국시대에서 한나라 때까지 중앙아시아 일대에서 활약한 이란계 또는 투르크계의 민족 또는 나라. 원래 둔황과 치롄산 사이에 살고 있었는데 흉노의 공격을 받아 서쪽으로 쫓겨났다.

기원전 139년, 한나라의 수도 장안은 온통 황제에 대한 이야기로 떠들썩했습니다. 즉위한 지 2년밖에 안 된 열여덟 살의 젊은 황제 무제가 야심만만한 계획을 내어 놓았기 때문입니다. 그것은 바로 흉노의 서쪽에 있는 월지라는 나라와 손잡고, 흉노를 공격한다는 계획이었습니다. 유방 황제가 백등산에서 흉노에게 패배한 이후 한나라의 황제들은 흉노를 공격할 생각조차 하지 못하고 있었습니다. 백성들은 젊은 황제가 패기만 앞

▶ **장안**
장안은 중국 산시 성 시안의 옛 이름으로, 한나라뿐 아니라 당나라의 수도로 번성했던 도시다.

세워 무리한 일을 벌인다고 이런저런 말들이 많았습니다.

그러나 무제는 생각이 달랐습니다.

한나라에 붙잡힌 흉노군 포로 중에 월지국 백성이 있었는데, 그에게서 들은 이야기는 무제의 귀를 솔깃하게 했습니다. 놀라운 것은 소문으로만 떠돌던 흉노 선우의 해골 술잔이 사실이었다는 점입니다. 월지를 공격한 사람은 흉노의 노상 선우였습니다. 그는 월지 왕을 죽였고, 월지 백성들을 흉노의 노예로 삼았습니다. 그중에서도 무제가 가장 관심을 보였던 이야기는 월지 백성들이 흉노를 끔찍하게 싫어한다는 것이었습니다.

흉노의 노상 선우는 14만 명의 기마병을 이끌고 한나라 국경을 공격해서 관리들을 죽이고, 황제의 별궁을 불태우기도 했던 사람이었습니다.

포로의 이야기를 들은 무제는 흉노를 증오하는 월지와 힘을 합치면 흉노를 물리칠 수 있을 것이라고 생각했습니다. 새로운 희망을 가지게 된 무제는 월지에 사신을 파견하기로 결심했습니다.

하지만 몇 가지 문제가 있었습니다. 대부분의 신하들은 금은보화를 바치더라도 흉노와 평화로운 관계를 유지하려고 했습니다. 흉노는 여전히 공포의 대상이었으니까요. 또한 사신은 일반적으로 황제의 친척이나 벼슬이 높은 귀족 중에서 선발되었는데, 귀족 중에는 흉노 땅을 가로질러 머나먼 월지로 가겠다고 지원하는 사람이 아무도 없었습니다. 목숨을 잃을 수도 있는 위험한 길이었

> **노상 선우**
> 흉노 제국의 제3대 선우(재위 기원전 174~기원전 161). 재위 기간 동안 한나라를 자주 공격했다.
>
> **별궁**
> 황제가 수도 밖으로 나갔을 때 머물렀던 궁궐. 이궁, 행궁이라고도 했다. 더위나 추위를 피하거나 요양을 위해 경치가 좋은 곳에 지었으며, 한나라 때에는 300여 개가 있었다고 한다.
>
> **사신**
> 임금의 명령으로 외국에 파견되는 신하. 오늘날의 외교관과 비슷하다.

기 때문입니다.

　무제는 고민에 빠졌습니다. 신하들이 반대한다고 포기하면 영원히 흉노에게서 벗어날 수 없을 것입니다. 무제는 신하들에게 월지에 파견할 사신을 공개적으로 모집하겠다고 선언해 버렸습니다.

　사신은 황제를 대신해서 다른 나라에 가는 만큼 그 역할이 매우 중요했습니다. 사신을 공개적으로 모집한 것은 한나라가 세워진 이후 처음 있는 일이었습니다. 그야말로 대사건이었습니다.

　황제의 명에 따라 장안 곳곳에 월지로 파견할 사신을 모집한다는 방이 붙었습니다. 사람들은 모집 공고가 붙은 곳마다 무리를 지어 이야기를 나누었습

▶ **음산 산맥**
중국 네이멍구 자치구의 몽골 고원 남쪽에 위치한 음산 산맥은 예로부터 흉노의 활동지였다. 진나라와 한나라 때는 음산 산맥을 따라 흉노를 막기 위해 만리장성을 쌓았다.

니다. 무리 가운데 유독 눈에 띄는 청년이 있었습니다. 모집 공고를 뚫어져라 쳐다보고 있는 청년은 황제의 궁궐을 지키는 하급 관리 복장을 하고 있었습니다. 바로 장건이었습니다. 장건은 고향을 떠나 수도 장안으로 와서 황제를 호위하는 낮은 벼슬을 맡고 있었습니다. 그러던 중에 월지에 파견할 사신을 모집한다는 공고를 보게 된 것입니다.

'드디어 기회가 왔구나! 이 기회를 반드시 잡고야 말겠어!'

장건은 곧바로 지원을 했습니다. 머뭇거릴 이유가 없었습니다. 그토록 기다리던 기회였으니까요.

며칠 뒤, 장건은 궁으로 향했습니다. 무제가 사신에 지원한 사람들을 직접

심사하기로 하고, 지원자들을 궁으로 불렀습니다. 지원자들은 무제 앞에 나란히 섰습니다. 무제는 지원자들에게 한 가지 질문을 했습니다.

"월지는 광활한 흉노 땅을 지나 그 서쪽에 있다고 한다. 정확한 위치는 알 수 없다. 따라서 월지에 사신으로 가는 것은 마치 은하수의 끝을 찾아가는 것과 같으니, 어떻게 은하수의 끝까지 다녀올 것인지 짐에게 말해 보라."

황제의 어이없는 질문에 의기양양하던 지원자들은 모두 입을 다물었습니다. 하늘을 날 수 없는 인간이 은하수의 끝에 도달할 수 있는 방법은 없을 테니까요. 흉노 땅을 가로질러 월지로 가는 길은 은하수의 끝을 찾아가는 것만큼이나 어려운 일임에 틀림없었습니다.

"장건이 황제 폐하께 아룁니다."

침묵을 깨고, 자신감 넘치는 목소리가 울려 퍼졌습니다. 지원자들 틈에서 한 청년이 성큼 앞으로 한 발짝 나섰습니다. 모든 시선이 청년에게로 향했습니다.

"지금까지 은하수의 끝에 도달하는 방법은 없었습니다. 만약 은하수의 끝에 이를 수 있는 길이 있다면 기필코 찾아낼 것입니다. 설령 갈 수 있는 길이 없다고 하더라도 마지막까지 그 길을 만들다가 죽을 것입니다."

장건의 대답을 들은 무제는 호탕하게 웃었습니다. 어차피 정답이 없는 질문이었습니다. 정답이 없는 질문에 대처하는 유일한 방법은 답을 만드는 것뿐이니까요.

"황제 폐하, 저 청년의 말이 참으로 기특합니다. 하지만 입으로는 뜨거운 태양에까지 도달할 수 있을 것이나, 어떻게 저 사람의 말을 믿을 수 있겠습니까?"

옆에 있던 황제의 외삼촌이 의심의 눈초리를 거두지 않았습니다. 한낱 궁궐 경비대의 하급 관리에게 막중한 책임을 맡기는 게 불안했던 것입니다.

"장건은 비록 관직이 낮기는 하지만 옆에서 지켜보니 의지가 강하며, 성실하게 일에 임하고, 마음이 넓으며, 적군의 마음도 사로잡을 수 있을 만큼 매력을 가진 사내입니다. 또한 흉노에 대해서도 잘 알고 있으니, 그를 믿고 임무를 맡기시면 반드시 완수하고 돌아올 것입니다."

궁궐경비대 대장이 평소에 눈여겨봤던 장건을 높게 평가해 주었습니다. 장건이 비록 하급 관리이기는 하지만 뛰어난 인재라고 생각한 것입니다. 황제 역시, 패기만만한 청년이 무척 마음에 들었습니다.

"장건이라고 했나? 한 가지 물어볼 것이 있다. 짐이 그대를 왜 월지로 보내려고 하는지 알고 있는가?"

"물론입니다. '원교근공(遠交近攻)', 즉 멀리 있는 세력과 힘을 합쳐 가까이 있는 적을 공격하기 위해서입니다. 월지는 흉노에 대한 원한이 클 것입니다. 황제 폐하의 말씀을 전한다면 분명 우리와 힘을 합쳐 흉노를 공격하려고 할 것입니다. 월지가 우리와 손을 잡고 흉노에 맞서 싸운다면, 흉노의 강력한 한쪽 날개를 잘라 버리는 것과 같을 것입니다."

장건은 마치 무제의 마음을 들여다본 듯 거침없이 대답했습니다. 장건이 말을 이어 갈 때마다 무제는 고개를 끄덕이며 박수를 치며 좋아했습니다.

"그대의 말이 옳도다! 짐은 그대를 월지로 가는 사신으로 삼고, 부하 100명과 흉노인 길잡이를 내려 주겠노라. 임무를 완수해 한나라의 큰 근심을 해결해 주기를 바라노라."

"사신 장건, 황제의 명을 받들어 월지로 가겠습니다."

장건은 월지로 떠날 준비를 했습니다. 사람들은 위험한 흉노 땅을 지나 가야 하는 장건을 걱정했지만 장건은 마음이 설렜습니다. 이제 새로운 세계를 향해 떠날 일만 남았습니다.

은하수의 끝을 다녀온 사나이

1,800년 전에 쓰인 『박물지』라는 책은 중국의 옛 전설이나 다른 나라의 이야기를 모은 책입니다. 그중에 '은하수의 끝을 보고 온 사나이'의 이야기가 실려 있습니다.

> 옛날, 황제로부터 "은하수 끝을 찾아보고 오라"는 명령을 받은 사람이 있었다. 은하수가 바다 저편의 인간 세계와 연결되어 있다고 생각했기 때문에 그는 바다로 갔다. 그는 바다에서 큰 나무를 발견하고, 은하수에서 흘러온 나무라고 생각하고 그 위에 올랐다. 그를 실은 나무는 밤낮없이 바다를 떠다니면서 흘러갔다. 정신이 희미해진 어느 날, 그의 눈앞에 큰 건물이 나타났다…….

중국 사람들은 이 전설에서 명령을 내린 황제가 한나라의 무제이며, 명령을 받은 남자를 장건으로 생각했습니다. 무제의 명령을 받들고, 한나라 사람들 중 어느 누구도 가 보지 못한 길을 찾아 떠난 장건에 대한 존경의 의미가 담겨 있다고 할 수 있습니다.

▶ 둔황 막고굴 제323호 벽화 중의 〈장건 서역 출사도〉

장건의 서역 출사를 그린 그림으로, 모두 세 장면이 표현되어 있다. 오른쪽 윗부분은 한나라 무제가 부처님에게 예불을 드리는 모습이다. 아랫부분은 무제가 장건을 배웅하는 모습으로, 무제는 말을 타고 있다. 말 앞쪽에 홀(笏, 벼슬아치가 임금을 만날 때에 손에 쥐던 물건)을 들고 무릎을 꿇고 있는 사람이 바로 장건이다. 왼쪽 윗부분은 장건이 서역으로 떠나는 모습으로, 상단에 서역의 성이 하나 그려져 있다.

[흉노에게 붙잡히다]

기원전 139년, 장건은 100명의 사신단과 함께 한나라와 흉노의 국경을 향해 말을 몰고 있었습니다. 수도 장안에서 출발해 높은 산을 넘고 큰 강을 건너 500킬로미터를 행군해 왔습니다. 월지가 있는 서역으로 가는 길은 쉽지 않은 길이었습니다. 오랜 여정에 모두 지친 듯 보였지만 장건만은 기운이 넘쳐 보였습니다. 장건은 황제와 신하들, 그리고 수많은 백성의 환호 속에서 장안을 떠날 때의 감격을 아직 잊지 못했습니다.

부절(符節)
사신이 가지고 다녔던 신분증. 돌이나 대나무, 옥 등으로 만들었으며, 하나는 궁궐에서 보관하고, 또 다른 하나는 본인이 가지고 다니면서 신분증으로 사용했다.

장건은 가슴에 품은 부절을 다시 만져 봅니다. 부절은 길이 20여 센티미터, 너비 10여 센티미터의 붉은 비단 천에 '한나라 사신 장건'이라고 수놓아져 있는 황제의 임명장이었습니다. 검문소를 지날 때마다 부절을 보여 주면 검문을 쉽게 통과할 수 있었고, 필요한 물자도 받을 수 있었습니다. 장건은 나라를 대표하는 사절단의 수장이 되었습니다. 그의 인생이 완전히 바뀐 것입니다. 장건은 수백 킬로미터를 행군해 왔지만 힘든 줄도 몰랐습니다.

"나리, 저곳이 바로 만리장성이 끝나는 곳입니다. 저곳을 지나면 험난한 산봉우리를 따라 서쪽으로 좁고 긴 녹색 지대가 펼쳐져 있습니다. 사막, 협곡, 산지로 이루어진 좁은 복도 같은 그 길이 월지가 있는 서역으로 가기 위해서 반드시 거쳐 가야 하는 길목입니다."

▶ 하서회랑으로 이어진 길

💡 실크로드의 요충지, 하서회랑

하서회랑(또는 하서주랑)은 중국 간쑤 성 서북부(하서 지방)에 있는 좁고 기다란 복도 모양(주랑, 회랑)의 고원입니다. 동서의 길이는 약 1천 킬로미터나 되지만, 남북의 너비는 수십 킬로미터 정도에 불과합니다. 해발 1,500미터의 높은 곳에 위치해 있으며, 서역으로 통하는 중요한 통로로, 훗날 실크로드의 주요 교통로 중의 한 곳이 되었습니다.

당시 흉노가 유목을 했던 주요 지역들도 하서회랑을 따라 위치했었습니다. 장건이 월지로 가기 위해서는 흉노의 땅이었던 하서회랑을 반드시 지나가야 했습니다.

무제가 장건의 길잡이로 임명한 흉노인 감보가 말했습니다. 감보는 한나라에 잡혀 온 포로였는데, 무제의 할머니 집에서 잡일을 했습니다. 그는 한나라 말도 할 줄 알고, 흉노의 지리도 잘 알고 있었기 때문에 장건의 부관으로 발탁되었습니다. 장건은 감보의 뛰어난 활솜씨와 지혜롭고 충실한 면이 무척 마음에 들었습니다.

> **발탁**
> 여러 사람 중에서 적합한 사람을 뽑는 것.

　　감보의 말에 장건은 생각을 멈추고, 다시 정신을 가다듬었습니다. 여기서부터 한눈을 팔면, 흉노 기마대에게 들켜 목숨을 잃을 수도 있었기 때문입니다.

　　"저기부터가 흉노 땅이로군. 흉노 기마대의 눈을 피해 월지로 갈 수 있을지 벌써 걱정되는군."

　　"저곳은 풀이 무성한 초원 지대입니다. 드문드문 흉노족이 천막을 치고, 가축들을 기르며 생활하고 있습니다. 흉노의 선우가 보낸 병사들이 이 지역을 감시하고 있기 때문에 지나가기가 쉽지 않을 것입니다. 또한 무사히 흉노의 영토를 통과해서 서역으로 간다고 하더라도, 서역 또한 흉노의 지배하에 있는 곳이 많습니다. 흉노족에게 들키지 않고 월지에 도착할 수 있을지 장담할 수 없습니다. 모든 것을 하늘에 맡길 뿐이죠."

　　장건은 감보의 설명을 들으면서, 100명의 부하들과 흉노의 영토를 통과하기 위한 작전을 짰습니다. 해가 뜨기 전과 해가 질 무렵의 어둠을 틈타 최대한 신속하게 움직이기로 했습니다.

　　낮에 몰래 숨어 있던 장건 일행은 날이 어두워지자 장건의 지휘 아래 움직이기 시작했습니다. 흉노의 지리를 잘 알고 있는 감보와, 수장 장건이 앞장서고 그 뒤를 부하들이 따랐습니다. 그들은 낯선 흉노 땅으로 말을 몰았습니다. 얼마나 말을 몰았을까요? 갑자기 사방에서 엄청난 함성 소리와 말의 울음소리가 들리기 시작했습니다.

장건 일행은 너무나 허무하게 흉노 기마대에게 들키고 말았습니다. 흉노 기마대가 쏘는 화살에 맞아 부하들이 쓰러져 갔습니다. 사방이 어두워 방향조차 구별할 수 없는 상황에 장건은 망연자실했습니다.

▶ **중국 네이멍구 자치구의 주도 후허하오터의 평원**
흉노의 왕실이 있던 후허하오터는 '푸른 도성'이라는 뜻이다.

장건 일행은 흉노 기마대에게 붙잡혀 흉노의 선우가 머무르는 선우정으로 끌려갔습니다. 군신 선우는 호기심이 가득한 눈으로 그들을 한번 쳐다본 후 입을 열었습니다.

"어디를 가기 위해 우리의 영토를 넘어온 것이냐?"

"한나라 황제의 사신 장건이 아룁니다. 저희 한나라 황제께서 월지와 외교 관계를 맺기 위해 저를 사신으로 보내셨습니다. 사신의 길을 가로막는 것은 외교의 예의가 아닌 줄로 압니다."

장건은 비록 포로가 되어 목숨이 위태로운 상황이었지만 주눅 들지 않고 당당하게 말했습니다.

선우정
흉노의 선우가 지내는 큰 게르가 있던 곳. 흉노의 전체 지역은 다섯 개의 부로 나누어져 있었는데, 선우정은 그 가운데 지역에 위치했다.

군신 선우
흉노 제국의 제4대 선우(재위 기원전 160~기원전 126). 노상 선우가 한나라와 맺었던 평화 조약을 깨고, 한나라의 국경을 여러 번 침략했다.

"월지국은 우리 북쪽에 있다. 우리의 적국인 월지로 가는 한나라 사신을 내 어찌 그냥 보내 줄 수 있단 말이냐? 한나라는 월지와 손을 잡고 우리를 공격하려는 것이 아니냐? 만약 내가 한나라를 공격하기 위해 한나라 남쪽의 나라에 사신을 파견한다면, 한나라는 순순히 우리를 보내 주겠는가? 대답해 보라!"

장건은 흉노 선우의 날카로운 질문에 잠시 당황했지만 위기를 빠져나가기 위해 슬기를 발휘했습니다.

"한나라는 월지와 전투 동맹을 맺으려는 것이 아닙니다. 저희는 월지와 외교 관계를 위해 파견된 사절단입니다. 그러니 저희를 보내 주십시오!"

군신 선우는 당당한 적국의 사신인 장건이 마음에 들었습니다. 큰 위기에 처했음에도 전혀 동요하지 않는 반짝거리는 눈과 대범함을 가진 이 사내를 자신의 부하로 삼고 싶었습니다.

▶ 치롄 산맥
중국 간쑤 성과 칭하이 성의 경계를 따라 뻗은 산맥이다. 이곳을 차지하기 위해 흉노와 한나라는 치열한 전투를 벌였다.

"혹시 '중항열'이라는 사람을 알고 있는가? 나의 아버지인 노상 선우의 총애를 받은 한나라 사람으로, 우리 흉노를 위해 충성을 다했지. 솔직히 말한다면, 네가 무척 마음에 든다. 만약 네가 한나라 황제가 아니라 나에게 충성을 바친다면, 나는 너를 중항열과 같이 최고의 대우를 해 줄 것이다. 나를 위해서 일하지 않겠나?"

"선우께서는 한나라의 '가의'라는 신하를 아십니까? 중항열이 한나라를 배신하고 흉노를 위해서 일하던 당시, 우리 한나라는 흉노와 평화롭게 지내기를 원했습니다. 하지만 가의는 황제에게 흉노를 공격하자고 강력하게 주장했습니다. 그는 자신에게 군대를 준다면 '선우를 사로잡고, 중항열을 항복시켜 그의 등을 채찍질하겠노라'고 주장했었습니다. 저는 결코 중항열처럼 한나라를 배신하지 않을 것입니다. 우리 황제의 가의가 될 것입니다."

중항열
한나라 제2대 황제 문제는 흉노와의 평화로운 관계를 위해 공주를 노상 선우에게 시집보냈다. 중항열을 공주와 함께 보내려고 했지만 그는 완강히 거부했다. 그러나 중항열의 뜻은 받아들여지지 않았고, 마지못해 흉노에 간 중항열은 한나라를 배반하고 흉노의 신하가 되어 노상 선우에게 충성했다.

가의
최연소 박사가 된 한나라 문제 때의 문인 겸 학자(기원전 200~기원전 168).

장건은 죽음을 각오한 듯 이를 악물고 대답했습니다. 하지만 군신 선우는 장건의 마음을 꼭 돌려놓고 싶었습니다. 흉노를 잡겠다고 길길이 날뛰는 한나라의 젊은 황제를 상대하기 위해서는 장건과 같은 충성스럽고 유능한 신하가 꼭 필요했기 때문입니다.

▶ 울란바토르 전경
흉노의 거주지였던 울란바토르는 현재 몽골의 수도이다.

"나는 너를 죽이지 않을 것이다. 또한 부절도 빼앗지 않겠다. 하지만 너를 절대로 놓아 주지 않을 것이니, 나의 신하가 되거라!"

하지만 장건이 자신의 말에 꿈쩍도 하지 않자, 선우는 장건을 부하들과 떨어뜨려 서쪽 땅으로 보내 버렸습니다. 흉노족과 함께 살다 보면 마음이 바뀔 것이라고 생각한 것입니다. 또한 흉노인 감보를 장건 곁에 남겨 두어 그를 설득하라는 명을 내렸습니다.

2장 대월지를 찾아서

한나라 사신이 되어 월지로 향하던 장건은 흉노에게 붙잡히고 맙니다. 장건은 흉노 땅에서 결혼까지 하며 10년의 세월을 보냈습니다. 흉노 사람들도 장건이 이제 흉노 사람이 되었다고 안심했습니다. 하지만 장건은 황제의 명을 한시도 잊어 본 적이 없었습니다. 그러던 어느 날, 10년 만에 탈출할 기회가 왔습니다. 장건은 이 기회를 놓치지 않고 탈출에 성공했습니다.

▶ **1차 실크로드 이동 경로** | 노구수 – 주천 – 둔황 – 차사 – 전국 – 카라샤르 – 쿠차 – 카슈가르 – 귀산성 – 람지성 – 사차 – 호탄 – 차말 – 옥문관 – 거연택 – 노구수 – 삭방 – 장안

[10년 만에 찾아온 탈출 기회]

해가 뉘엿뉘엿 넘어가고 있었습니다. 장건과 감보는 말 위에서 채찍을 휘두르며, 부족의 게르가 늘어서 있는 곳으로 양 떼를 몰았습니다. 장건이 흉노 땅에서 생활한 지도 10년이 지났습니다.

마유주(馬乳酒)
말 젖으로 만든 술. 지금도 키르기스인들이 만들어 마시는데, '쿠미스'라고 부른다.

"나리, 마유주 한잔 하시겠습니까?"

감보는 고된 일이 끝난 뒤 시원하게 술 한잔 마시며 하루를 마감하고 싶었습니다. 장건은 감보의 말을 듣지 못했는지 말없이 넓게 펼쳐진 초원 지대를 바라볼 뿐이었습니다.

게르 주위로 아이들이 말을 타고 놀고 있었습니다. 흉노의 아이들에게 말은 훌륭한 장난감이었습니다. 서너 살 정도가 되면, 어른의 도움을 받지 않고서도 말에 오르내릴 수 있었습니다. 마치 말과 한 몸이 된 것처럼 말이죠. 이 아이들이 좀 더 자라면 흉노의 훌륭한 전사가 될 것입니다. 흉노족의 뛰어난 기마술은 주변 나라를 짓밟는 강력한 무기였습니다. 전쟁이 시작되면, 그들은 초원 위를 빛처럼 빠른 속도로 달려서 이웃나라를 사냥터로 삼을 것입니다. 적군의 머리를 베어 오면 그 해골을 술잔으로 만들어 함께 축배를 들 것이고, 포로로 잡은 적군은 노예로 삼을 것입니다.

장건은 10년간 흉노와 함께 생활하면서, 먹고살 것이 넉넉하지 않아 이동하면서 살아야 하는 유목 민족의 어려움을 알 수 있었습니다. 왜 적을 잔인하게 죽일 수밖에 없는지도. 하지만 흉노 때문에 고통받고 있는 한나라 백성들을 생각하면 용서할 수 없었습니다.

감보는 다시 한 번 장건을 불렀습니다. 장건은 그제야 정신을 차리고 생각을 거두었습니다. 감보는 장건을 이끌고 발걸음을 재촉했습니다. 마유주를 생각하니 입에 침이 고여 더 이상 참을 수 없었던 것이죠.

"돌아오셨군요. 어서 와서 식사하세요."

장건이 감보와 함께 게르 안으로 들어서자, 그의 아내 코르쟈가 따뜻한 미소로 맞아 주었습니다. 군신 선우가 장건의 마음을 돌리기 위해 짝을 맺어 준 지혜롭고 아름다운 여인이었습니다. 장건은 아내 덕분에 흉노 땅에서 10년간 평온한 생활을 할 수 있었습니다.

▶ **유목 민족의 어린이들**
유목 민족의 아이들은 아주 어렸을 때부터 말 다루는 것을 익힌다.

게르 안에는 최고의 만찬이 준비되어 있었습니다. 푸짐한 양고기와 마유주, 그리고 흔하게 먹을 수 없는 쌀밥까지 차려져 있었죠.

"무슨 일 있소?"

장건은 의아했습니다. 이런 음식은 특별한 날에만 먹을 수 있었기 때문입니다. 아내는 장건의 질문에 답하지 않은 채 말없이 양고기를 손으로 뜯어 장건과 감보 앞에 놓아 주었습니다. 아내는 커다란 가죽 자루에 담긴 마유주도 한 잔 가득히 부었습니다. 감보는 양고기를 허겁지겁 먹으며, 마유주를 단숨에 들이켰습니다.

"감보, 너무 많이 마시지 마세요. 오늘은 취하면 안 돼요."

감보는 평소에도 술을 많이 마셨습니다. 그런데 갑자기 그런 그를 말리다니요. 뭔가 이상했습니다. 아내는 결의에 찬 표정으로 말을 이어 갔습니다.

"최근에 수비 병사들이 보이지 않는 거 알고 계세요? 소문을 들어 보니 한나라 군대가 공격해 와서 많은 수비 병사가 한나라 군대를 막기 위해서 동쪽으로 이동해 갔다는군요."

"한나라 군대가 흉노 땅에 쳐들어왔단 말이오? 지금까지 흉노의 공격을 막기에도 힘겨워 했는데……. 그런데 당신은 왜 그런 이야기를 하는 것이오?"

장건은 뜻밖의 소식에 많이 놀랐지만, 아내가 갑자기 이런 진수성찬을 차려 준 이유를 알지 못했습니다.

"이 기회를 이용해서 탈출하세요. 지금이야말로 당신이 탈출할 수 있는 가장 좋은 기회예요."

"아니, 그게 무슨 말이오? 당신과 아이들을 내버려 두고 나 혼자 어떻게 떠날 수 있단 말이오?"

장건은 생각지도 못한 아내의 말에 당황했습니다.

"당신은 우리 흉노족처럼 고기를 손으로 뜯어 먹고, 말 젖으로 만든 술을 즐겨 마시기도 하죠. 당신을 감시하는 병사들도 당신이 흉노인이 되었다고 착각할 정도이니까요. 하지만 저는 알아요. 당신이 지난 10년 동안 황제의 부절을 늘 가슴에 품고 있으면서, 임수를 완수하지 못해 얼마나 괴로워했는지, 한나라를 얼마나 그리워했는지……. 아이들과 저는 걱정하지 마세요. 저는 당신이 임수를 완수하고 우리를 데리러 올 거라고 믿어요."

▶ 거용관
장건이 흉노에게 잡혀 있던 기원전 129년, 한나라 장군 위청은 무제의 명에 따라 거용관에서 흉노를 공격했다. 거용관은 중국 베이징 북서쪽 60킬로미터 지점에 있는 관문이다. 건설 연대는 분명하지 않지만 옛날부터 국경의 요새였다.

아내는 눈물을 참으려는 듯 입술을 꽉 깨물었습니다. 장건은 아무 말도 할 수 없었습니다. 한동안 긴 침묵이 흘렀습니다. 침묵을 깨고 장건이 입을 열었습니다. 그는 결심한 듯 보였습니다.

"고맙소. 반드시 임무를 완성하고 당신과 아이들을 데리러 오겠소."

"감보와 함께 가세요. 그가 도움을 줄 거예요. 밖에 말과 식량을 준비해 뒀어요. 자, 어서 가세요. 뒤돌아보지 말고 앞만 보고 달려가세요."

장건은 눈물을 머금고 감보와 함께 아내가 준비해 둔 말에 올라탔습니다. 그리고 해가 떨어진 서쪽을 향해 말을 몰았습니다. 아내는 그들의 모습이 보이지 않을 때까지 손을 흔들었습니다.

흉노족 사람들의 음식

흉노족 사람들은 어떤 음식을 먹었을까요? 흉노족은 주로 사냥을 하거나 기르던 가축을 먹기도 하고, 가축에서 나온 젖이나 그 젖으로 만든 치즈를 먹었습니다. 고기는 양고기를 주식으로 삼았으며, 때때로 소고기도 먹었지만 닭고기는 거의 먹지 않았다고 합니다. 이동 생활을 하는 유목민들은 닭을 기르기가 어려웠기 때문입니다.

또한 흉노족은 '타락'과 '연유', 그리고 '마유주'를 즐겨 먹었습니다. 타락은 우유나 양 젖을 굳혀서 만든 일종의 치즈입니다. 이것을 먹을 때에는 그릇을 사용할 필요가 없었기 때문에 이동 생활을 하는 그들에게는 아주 편리한 음식이었죠. 연유는 타락을 바짝 졸여서 직사각형이나 원형으로 만든 다음 햇볕에 건조시킨 것입니다. 그것을 가루로 빻아서 끓여 마십니다. 신맛이 강하고 갈증을 해소시키는 데 효과가 있어 여름에 특히 많이 마셨습니다.

마유주는 가죽 부대에 넣은 말 젖을 막대기로 치거나 휘저어서 만드는데, 어떤 것은 알코올 도수가 46도나 되는 독한 술로 변했습니다. 한나라의 지배층에서도 마유주가 독을 제거하고 갈증을 해소해 주며, 열을 내리게 하는 효과가 있다고 해서 귀하게 여겼습니다.

게르

게르는 나무로 만든 틀 위에 펠트 천(양털 등으로 만든 천의 일종으로 질기고 튼튼한 부직포와 비슷한데 조금 더 부드럽다)을 덮은, 둥근 텐트 모양의 이동식 원룸형 집입니다. 중국에서는 파오라고 하고, 터키 등의 지역에서는 유르트라고 부릅니다. 게르는 둥근 지붕에 원형의 벽이 빙 둘러져 있어서 말뚝을 연결하는 줄이 없어도 강한 바람에 견딜 수 있고, 모래나 비, 눈바람도 피할 수 있습니다. 또한 이동하는 데 아주 편리합니다. 게르를 설치하고 거두는 데 한 시간도 걸리지 않기 때문에 유목 생활을 해야 하는 민족에게는 아주 중요한 것이었죠. 지금도 가축 떼를 몰고 자주 이동하는 몽골의 많은 유목 민족들이 여전히 게르에서 생활하고 있습니다.

[서역을 가로질러 대월지를 가다]

　기원전 129년, 장건과 감보는 월지를 찾아 쉼 없이 말을 타고 달렸습니다. 군신 선우는 월지가 흉노의 북쪽에 있다고 했지만 여러 사람들에게 들은 정보를 종합해 보면 월지는 흉노의 서쪽에 있는 것이 분명했습니다.

　장건과 감보는 톈산 산맥 남쪽에 위치한 차사와 카라샤르, 쿠차와 카슈가르 등을 지나갔습니다. 흉노 군대의 감시망이 소홀한 편이어서, 비교적 쉽게 지나갈 수 있었습니다. 흉노가 자신들의 지배하에 있는 서쪽의 나라들보다 갈등 관계에 있는 동쪽의 한나라에 더 많은 관심을 두고 있었기 때문입니다.

▶ **파미르 고원**
티베트 고원과 히말라야, 카라코룸, 쿤룬, 톈산 산맥 등이 모여 이룬 것으로, '세계의 지붕'으로 불린다. 중국인들은 파미르 고원을 '총령'이라고 불렀다. 총령은 '파가 많은 고개'라는 뜻이다. 파미르 고원의 암석 틈에서는 야생 파가 많이 자란다.

장건은 거대한 파미르 고원이 눈앞에 펼쳐졌을 때도, 이 산맥만 넘으면 월지에 이를 수 있을 것이라는 기대감에 부풀어 몸은 힘들었지만 마음만은 가벼웠습니다. 오랜 여정에 아내가 정성껏 꾸려 준 식량은 금세 바닥났습니다. 하지만 감보의 뛰어난 활솜씨 덕에 굶지는 않았습니다. 오히려 맛있는 고기를 먹을 수 있었습니다.

흉노 땅을 탈출한 지 수십 일 만에 드디어 파미르 고원을 넘어 월지가 있다는 곳에 도착했습니다. 하지만 장건이 알고 있던 것과 달리, 그곳은 월지가 아니라 페르가나였습니다.

페르가나는 흉노의 서남쪽에 있었으며, 한나라에서 4천 킬로미터 정도 떨어져 있는 나라입니다. 흉노와 서역 대부분의 나라들이 유목 생활을 하는 것과 달리 페르가나는 정착 생활을 하면서 벼와 보리, 그리고 포도를 생산했습니다.

페르가나

페르가나는 현재의 페르가나 분지의 시르다리야 강 상류에 위치한 나라로, 장건이 밟은 최초의 서역 국가였습니다. 오늘날의 우즈베키스탄 페르가나 주와 타지키스탄 레니나바드 주가 이 지역에 해당됩니다. 페르가나는 농업이 발달했고, 동서 교통의 요지였습니다. 기원전 2세기에 페르가나 땅을 밟은 장건에 의해 한나라에 그 존재가 알려졌습니다. 한나라 때에는 페르가나를 '대완'이라고 불렀고, 역사책에는 '발한나'라고 기록하였습니다. 하지만 왜 '대완'이라는 명칭을 사용했는지에 대해서는 알려지지 않았습니다.

톈산남로의 오아시스 국가들

톈산남로는 톈산 산맥 남쪽 기슭의 오아시스를 연결하는 고대의 동서 간 육상 교통로입니다. 톈산 산맥 남쪽 기슭에 동쪽으로부터 오아시스 도시들이 있었습니다.

차사국 : 지금의 중국 신장웨이우얼 자치구에 있었던 고대 국가로 '고사'라고도 했습니다. 수도는 교하(현재의 신장 투루판 서북쪽)였습니다. 차사는 동남쪽으로 둔황, 남쪽으로는 누란, 서쪽으로는 카라샤르, 서북쪽으로는 오손, 동북쪽으로는 흉노와 이어져, 실크로드에서 상업적으로 중요한 위치에 있었습니다. 이후 한나라 선제(한나라 제10대 황제, 재위 기원전 73~기원전 49)의 공격으로 전국과 후국으로 나뉘어졌습니다. 전국은 3세기경, 후국은 5세기 중엽에 멸망했습니다.

카라샤르(언기국) : 톈산 산맥 남부를 지나가는 큰 도로가 동쪽에서 투루판 분지를 빠져나가 타림 분지로 들어서는 곳에 위치해 있었습니다. 기원전 1세기에는 흉노의 서역 경영의 중심지였기 때문에 한나라와 많은 쟁탈전이 벌어졌습니다.

쿠차(구자국) : 중국 역사책 『한서』에는 '서역 서른 여섯 개 왕국 중 가장 큰 나라로 인구는 8만 1,300명이다'라고 기록되어 있을 정도로 번성했습니다. 쿠차는 실크로드 거점 도시로서 중요한 역할을 했습니다. 8세기 고구려 유민 출신의 당나라 장군 고선지도 이곳에서 활동했습니다. 통일신라의 혜초 스님도 이곳을 지나가며 기록을 남겼습니다.

카슈가르(소륵국) : 중앙아시아로 나가는 실크로드의 요지이며, 톈산 산맥을 두고 남쪽과 북쪽으로 발달한 교통로가 만나는 지역에 위치했었습니다.

| ▶ 교하고성
중국 신장웨이우얼 자치구 투루판의 도시에서 서쪽으로 10킬로미터 떨어진 야르나즈 계곡에서 발견된 고대 국가였던 차사 전국의 수도 유적.

장건은 포도를 그때 처음 보았습니다. 탐스럽게 열린 포도를 보자, 군침이 돌았습니다. 또한 포도로 만든 술은 한나라의 다른 술이 흉내 낼 수 없는 지금까지 맛보지 못한, 깊은 맛이 났습니다.

페르가나 왕은 한나라 사신이 찾아왔다는 소식을 듣고, 장건을 궁으로 초대했습니다. 왕은 한나라가 부유하다는 소식을 예전부터 들어, 한나라와 교류를 하고 싶었지만 연락을 취할 수가 없어서 뜻을 이루지 못하고 있었습니다. 페르가나 왕은 장건을 통해 꿈을 이루고 싶었습니다.

"무엇 때문에 우리나라에 왔소?"

"저는 한나라 황제의 명령을 받고 월지에 사신으로 가던 중 흉노에게 붙잡혔습니다. 흉노의 감시가 소홀한 틈을 타서 10년 만에 간신히 도망칠 수 있었습니다. 저는 이곳을 월지로 잘못 알고 있었습니다. 월지에 갈 수 있는 방법을 왕께서 알려 주시겠습니까?"

장건은 페르가나 왕의 도움을 받으면 월지에 갈 수 있을 것이라고 기대했습니다.

"월지는 우리의 남쪽에 있소. 흉노와의 전투에서 패배한 월지 사람들이 도망을 와서 우리 페르가나를 거쳐 남쪽 지방에 정착했지. 그런 뒤에 나라의 이

▶ 시르다리야 강
톈산 산맥 서쪽에서 시작되어 아랄 해로 흘러 들어간다.

름을 대월지로 바꾸었소. 나는 당신을 대월지로 안내해 줄 수 있지만 한 가지 부탁이 있소."

"말씀하십시오. 제가 할 수 있는 일이라면 무엇이든 도와드리겠습니다."

페르가나의 왕은 장건 일행에게 길을 안내해 주는 대신, 한나라로부터 많은 재물을 보답으로 받고 싶어 했습니다. 또한 페르가나의 물품과 한나라의 비단을 교역하고 싶다고 했습니다. 그것이야말로 장건이 원하는 일이었습니다.

"페르가나의 포도주와 우수한 말은 한나라에서도 큰 환영을 받을 것입니다. 저희가 대월지까지 갈 수 있게 도와주신다면, 한나라로 돌아간 후 그 보답으로 많은 재물과 비단을 보내겠습니다."

페르가나의 왕은 장건의 확신에 찬 말에 큰 기대를 가지게 되었습니다. 왕의 명령을 받은 호위 무사들과 통역관은 장건과 감보를 대월지와 페르가나 사이에 있는 강거까지 안내했습니다.

강거
키르기스 초원 지대에 거주하던 유목 민족. 투르크 계통으로 추정되며, 유목 생활을 하면서 대상 교역을 했다.

페르가나 왕의 소개장을 받은 강거의 왕도 페르가나처럼 한나라와 물품을 교환하는 대가로 장건과 감보를 대월지까지 안내해 주기로 했습니다. 장건은 강거의 호위 무사들과 함께 대월지로 향하면서, 흉노와의 전쟁이 없는 새로운 세상을 꿈꾸었습니다.

'흉노만 없다면, 한나라와 서역의 나라들 간에는 비단과 포도주를 실은 낙타들이 오고 가겠지. 그 길은 전쟁의 길이 아니라, 교류와 교역의 길이 될 거야.'

톈산 산맥

중국 서남부에 위치한 산맥으로 '하늘까지 닿을 듯한 높은 산맥'이라는 뜻입니다. 톈산 산맥의 남쪽과 북쪽의 기슭에는 여러 산악 국가가 생겨났습니다. 이 나라들은 톈산 산맥 북쪽과 남쪽을 지나는 실크로드가 발달하면서 오아시스 왕국들과 연결되었습니다. 톈산 산맥 북쪽 길을 '톈산북로', 톈산 산맥 남쪽 길을 '톈산남로'라고 합니다.

[대월지, 복수를 포기하다]

장건은 강거의 도움으로 드디어 대월지에 도착했습니다. 장건은 감격스러웠습니다. 장안을 떠난 지 10년, 그는 그 어느 때보다 흥분되어 있었습니다.

장건은 한나라 사신임을 증명하는 부절을 보여 준 후 대월지의 왕을 만날 수 있었습니다. 대월지의 왕과 신하들은 흉노에게 붙잡혀 10년이 지났음에도 황제의 명을 잊지 않고 자신의 나라를 찾아온 장건을 보고 놀라워했습니다. 장건은 들뜬 표정으로 대월지 왕에게 한나라와 힘을 합쳐 흉노를 공격하자고 제안했습니다. 그런데 왕과 신하들의 표정이 밝지 않았습니다. 당연히 복수를 위해 제안을 받아들일 걸로 생각한 장건은 당황했습니다. 왕은 한숨을 쉬며 장건에게 말했습니다.

아무다리야 강
중앙아시아에서 가장 긴 강. 페르시아어로 '아무'는 광기, '다리야'는 강을 뜻한다. 홍수 피해와 범람으로 강 흐름의 변경이 심한 것에서 이름의 이유를 알 수 있다.

박트리아
힌두쿠시산맥과 아무다리야 강 사이에 고대 그리스인이 세운 나라(기원전 246~기원전 138). 중국에서는 대하라고 불렀다.

"아버지가 흉노 선우의 해골 술잔이 된 것은 가슴 찢어지는 아픔이오. 하지만 우리 대월지는 흉노에게 쫓겨 아무다리야 강 유역에 간신히 정착했소. 흉노에게 나라를 빼앗기고 서쪽으로 달아난 후, 우리는 새롭게 나라를 세울 땅을 찾아 이리저리 헤맸소. 당신이 거쳐서 온 페르가나와 강거도 우리를 반기지 않아 많은 다툼이 있었소. 결국 우리는 이곳에 정착해 힘을 키웠고, 우리의 남쪽에 있던 박트리아를 정복한 뒤에야 나라를 안정시킬 수 있었소. 계속된 이동과 수많은 전쟁으로 백성들은 너무 힘들었고, 이제야 마음 편히 살 수 있게 되었소. 또다시 백성들에게 고통을 주고 싶지 않소."

▶ **소그디아나의 도시, 사마르칸트의 이슬람 사원**
대월지는 흉노에게 패해 근거지를 잃고 멀리 쫓겨난 후 아무다리야 강 유역에
정착해, 박트리아와 소그디아나 등을 점령해 나라를 키웠다.

장건은 눈앞이 캄캄해지는 것 같았습니다. 대월지는 더 이상 거친 초원을 누비던 유목 민족의 나라가 아니었습니다. 100만 명이 넘는 백성들이 농사를 짓고 활발하게 장사를 하는 정착민의 나라였습니다. 나라가 부유해지고 백성들의 삶도 편안해진 대월지가 다시 모래바람을 맞으며, 무시무시한 흉노와 싸울 이유가 없었던 것입니다.

"한나라와 흉노의 국경에는 아직도 고통받고 있는 월지의 백성들이 많이 있습니다. 그들은 흉노의 노예가 되어 죽지 못해서 살아가야 하는 비참한 생활을 하고 있습니다. 그들의 간절한 소망을 저버리려 하십니까?"

"남은 백성들을 생각하면 마음이 갈가리 찢어지는 듯하오. 하지만 그들을 구하기 위해서 이곳 백성들을 다시 희생시킬 수 없는 일이오. 흉노의 먹잇감이 된 불쌍한 우리 백성들은 한나라가 거두어 보살펴 주시오. 한나라에 그대와 같은 훌륭한 신하들이 많다면, 반드시 흉노를 이길 수 있을 것이라 생각하오."

결국 장건은 대월지 왕의 마음을 돌리지 못했습니다. 사신 임무에 실패한 장건은 대월지의 궁궐을 떠나 람지성에 머물렀습니다. 여기에 잠시 머물면서 흉노의 눈을 피해서 한나라로 돌아갈 방법을 찾기로 한 것입니다. 그곳에는 장사에 능숙한 상인들이 많았습니다.

> **람지성**
> 지금의 아프가니스탄 북부 와지라바드에 있었던 박트리아의 성.

어느 날 장건과 감보는 시장을 둘러보다가 한 상점에서 한나라의 물품을 발견하게 되었습니다. 한나라 서남쪽 지방에서 나는 대나무 지팡이와 비단이었습니다.

"이 물품들을 어디에서 구입했소?"

장건은 한나라의 물품이 이곳까지 왔다면, 흉노의 눈을 피해 한나라로 돌아갈 수 있는 길이 분명히 있을 것이라고 생각했습니다.

"이 물건들은 장사꾼들이 인도(신독국)에서 가져온 것입니다."

이 말을 듣고, 장건은 인도가 한나라의 서남쪽에서 멀지 않은 곳에 있을 것이라고 추측했습니다. 감보와 함께 수소문했지만 그 길을 안다는 사람을 만날 수는 없었습니다.

신독국
인도의 옛 이름. 장건이 한나라에 이 말을 전한 후 중국에서 오랫동안 인도를 가리키는 말로 사용했다.

▶ **쿤룬 산맥**
중국 서부를 가로질러 뻗어 있는 아시아에서 가장 긴 산맥.

기원전 128년, 장건과 감보는 귀국길에 올랐습니다. 그들은 흉노를 탈출했을 때 이용했던 길이 아니라, 다른 길로 한나라로 돌아가려고 했습니다.

지난번에는 톈산 산맥의 북쪽 오아시스를 따라 왔지만, 돌아갈 때는 남쪽 오아시스를 통과하기로 한 것이죠. 감보도 이 지역에 대한 정보를 가지고 있지 않았기 때문에 두 사람은 조심스럽게 말머리를 동쪽으로 돌렸습니다.

장건과 감보가 쿤룬 산맥 북쪽을 따라 동쪽으로 전진하면서 야르칸드, 호탄, 누란 등을 지날 때까지는 흉노 군대가 보이지 않았습니다. 하지만 안심하기에는 이릅니다.

야르칸드
중국 신장웨이우얼 자치구 타림 분지 서부에 위치한 옛 실크로드 남쪽 길의 요충지. 한자로는 사차(莎車)라고 한다.

호탄
톈산남로에서 가장 큰 오아시스 국가로, 중국 신장웨이우얼 자치구 남서쪽에 위치해 있었다.

💡 대월지와 소월지

흉노의 묵특 선우는 서쪽에 있던 월지를 공격해 월지를 남북으로 갈라놓았습니다. 그중에서 북쪽에 살던 월지의 주요 세력들은 노상 선우의 공격을 받아, 왕을 잃고 톈산 산맥 북쪽에서 서쪽으로 이동하였습니다. 그들은 흉노와 오손의 공격을 받아 계속 이동하였고, 결국 박트리아를 멸망시키고 나라를 안정시켰는데, 이들이 '대월지'입니다.

박트리아를 멸망시킨 대월지는 박트리아 지역에 다섯 명의 지방장관을 두었습니다. 그중 하나였던 쿠샨족이 다른 네 개 지역을 정복하고, 아프가니스탄 북부를 넘어 중앙아시아에서 인도에 걸친 대제국을 세웠습니다. 이 대제국이 쿠샨 왕조(기원전 20년경~기원후 5세기 중엽)입니다. 대월지가 쿠샨 왕조로 변신했던 것입니다. 쿠샨 왕조는 실크로드 교역을 중개하고 불교의 간다라 미술을 발전시키는 등 인도 역사에서 큰 역할을 담당했습니다.

한편, 남쪽에 있던 다른 월지족들은 지금의 중국의 간쑤 성, 칭하이 성 일대에 남아서 원주민들과 섞여 살았는데 이들이 '소월지'로 불리게 되었습니다.

▶ **누란 고성 유적**
중국 타림 분지 남동쪽에 있던 오아시스 국가로 동서 교역에 중요한 위치를 차지했었다.

강족이 거주하고 있는 지역만 무사히 통과할 수 있다면, 한나라의 서쪽 국경으로 갈 수 있었습니다. 하지만 그들은 마지막 관문을 빠져나가지 못하고, 흉노 기마병들에게 붙잡히고 말았습니다.

강족
현재 중국 칭하이 성에 살던 티베트 계통 민족. 이들은 티베트 혈통에 몽골족 일부, 한족의 혈통이 섞여 형성되었다. 한나라 때부터 중국의 지배를 받았다.

[두 번째 탈출과 귀환]

장건과 감보는 곧바로 군신 선우가 있는 선우정으로 끌려갔습니다. 장건은 흉노의 관습으로 보았을 때, 이번에는 목숨을 구하지 못할 것이라고 생각했습니다. 흉노는 전투에서 항복한 부족의 우두머리에게는 벼슬을 주고 계속 그 부족을 이끌어 갈 수 있게 해 줬습니다. 또한 혼인을 해서 한 가족으로 받아들이기도 했습니다. 하지만 항복을 거부하거나 배신을 했을 경우에는 잔인하게 죽여 본보기로 삼았습니다.

▶ 네이멍구 자치구의 초원
흉노의 군사 기지는 중국 네이멍구 자치구와 오르도스에 있었다.

장건은 죽음이 두렵지 않았습니다. 다만 사신의 임무를 완수하지 못하고 아내와의 약속도 지키지 못한 것이 슬펐습니다.

장건은 착잡한 마음으로 선우정에 발을 들여놓았습니다. 군신 선우는 선우정 한가운데에 위엄 있게 앉아 있었습니다. 33년 동안 거대한 흉노 제국을 지배한 군신 선우! 장건은 흉노 땅에서 포로 생활을 할 때에는 그가 왜 대단한 인물인지 알 수 없었습니다. 오히려 흉노의 밖으로 가서야, 세계의 중심에 흉노가 있음을 알게 되었습니다. 세계는 흉노가 펼친 전쟁을 통해서 서로 연결되고 있었기 때문입니다.

"끈기 하나는 최고라고 인정하지. 한나라 황제의 부절이 필요 없을 것이라는 내 말을 거짓말로 만들고 말았어, 하하! 그래, 결국 월지 왕을 만났나?"

군신 선우는 한나라 황제가 부러웠습니다. 장건의 충성심이 한결같이 한나라 황제에게 향했기 때문입니다. 군신 선우는 주변에 있던 신하들을 모두 물러가게 하고 장건과 단 둘이 있기를 원했습니다. 군신 선우는 장건에게 가까이 다가오라고 말했습니다.

"내 얼굴을 보거라. 나는 머지않아 나를 낳아 준 하늘과 땅으로 다시 돌아가게 될 것이다."

선우는 10여 년 전에 만났을 때와 전혀 다른 얼굴이었습니다. 장건은 선우의 얼굴에서 죽음의 그림자를 볼 수 있었습니다.

"나는 나의 할아버지인 묵특 선우와 같은 영웅이 되고 싶었지. 내가 선우가 되고 난 후, 처음에는 그 꿈이 실현되는 듯 보였어. 하지만 지금은……."

군신 선우는 말하는 중간에 자주 기침을 하거나 깊은 생각에 빠지기도 하면서 말을 이어 갔습니다. 한나라는 예전에 흉노 군대가 침입하면 겁먹고 어찌할 바를 몰랐었는데 이제는 적극적으로 흉노를 공격하게 되었고, 흉노 내부에도 한나라와의 관계를 놓고 갈등이 생겨나고 있다고 했습니다. 특히 아들인 태자 어단은 한나라와 평화롭게 지내기를 원하는 반면에 동생인 이치사는 한나라에 맞서 전쟁을 해야 한다고 주장하며 갈등하는 것이 군신 선우의 가장 큰 걱정거리였습니다.

> **이치사**
> 흉노 제국의 제5대 선우(재위 기원전 126~기원전 114).

"조만간 사형에 처해질 저에게 왜 이런 이야기를 하십니까?"

장건은 모든 신하를 물러나게 한 후 자신의 고민을 털어놓는 선우의 의도가 궁금했습니다.

"나는 너를 죽이지 않을 것이다. 단지 내 아들의 힘이 되어 달라는 부탁을 하기 위해 너를 불렀다. 한나라와 계속 전쟁을 하는 것은 흉노에게도 좋지 않은 일이야. 흉노의 백성을 다 합쳐도 기껏해야 한나라의 한 개 지방 백성의 수에 불과하기 때문에 전쟁이 길어진다면 흉노가 더 큰 피해를 입을 게 분명해. 지금까지 우리는 한나라와 전쟁만 했을 뿐이지 평화롭게 지내는 법을 배우지 못했어. 너는 넓은 세상을 보고 왔으니, 내 아들이 선우에 오르면 옆에서 조언을 해 주지 않겠나?"

장건은 선우의 마지막 부탁을 차마 거절할 수 없었습니다. 또한 한나라와 흉노가 평화롭게 지낼 수만 있다면 그보다 더 좋은 일은 없을 것이라고 생각했습니다. 장건은 결국 선우의 부탁을 들어주었습니다.

군신 선우는 장건이 가족과 함께 살 수 있도록 해 주었습니다. 장건은 사랑하는 가족들과 다시 만나게 되었습니다. 그리고 얼마 지나지 않아서 군신 선우는 죽음을 맞이했습니다.

군신 선우가 죽자, 흉노 내부에서는 분열이 일어났습니다. 군신 선우의 동생 이치사가 많은 병사를 이끌고 선우정을 공격했습니다. 태자의 군대는 흉노에서 가장 강했지만, 병사 수가 훨씬 많은 이치사의 군대를 이길 수는 없었습니다. 결국 태자는 동쪽으로 후퇴할 수밖에 없었죠.

한편, 장건은 흉노의 모든 병사가 삼촌과 조카 편으로 나뉘 선우 자리를 두고 정신없이 싸우는 틈을 타, 자신의 가족과 감보를 데리고 흉노 땅을 탈출했습니다.

장건 일행은 쉬지 않고 말을 몰았습니다. 마침내 장건은 한나라의 영토로 다시 돌아올 수 있었습니다. 장건의 두 눈에서는 감격의 눈물이 쉬지 않고 흘러내렸습니다. 장건이 황제의 명을 받아 월지의 사신으로 떠난 지 13년 만이었습니다.

▶ **옥문관**
고대 중국의 서쪽 요지였던 간쑤 성 둔황 부군에 배치되었던 관문이자 서역으로 가는 통로였다. '옥문'은 이곳을 통해 중국의 옥이 서방으로 수출되었기에 붙여진 이름이다. 장건은 귀국길에 옥문관을 지나왔다.

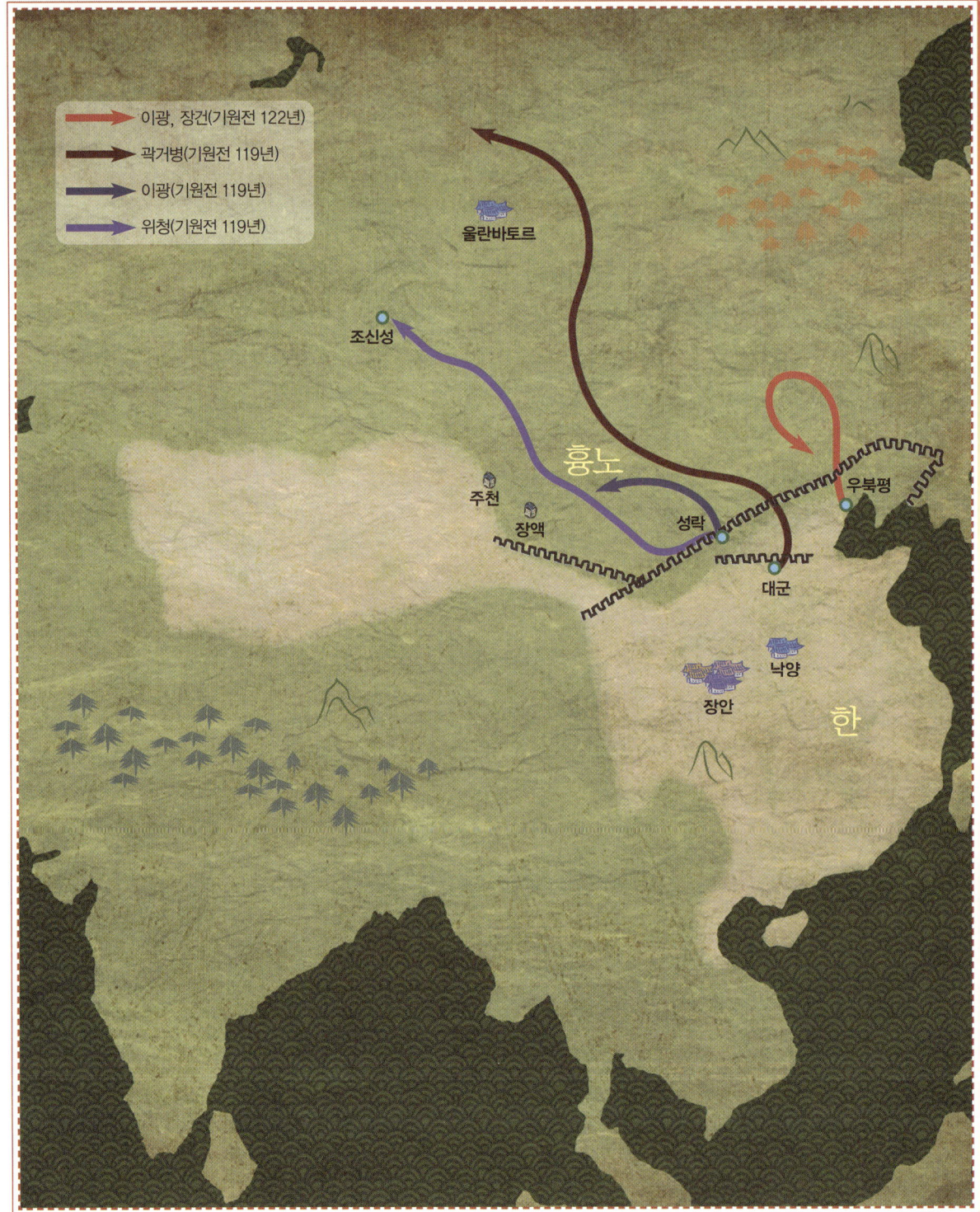

▶ 한나라의 흉노 공격 경로

3장 실크로드에서 웃고, 실크로드에서 울다

어렵게 한나라로 다시 돌아온 장건은 자신이 보고 듣고 겪은 것들을 무제에게 보고했습니다. 그 이야기들은 무제의 마음을 뒤흔들었습니다. 흉노의 위협으로 갇혀 있던 한나라에게, 서쪽의 나라들은 새로운 세상이었습니다. 그 나라들과 교류할 수만 있다면, 흉노를 물리치는 것뿐 아니라 새로운 세상을 열 수 있을 것 같았습니다. 이를 위해서는 먼저 흉노를 물리쳐야 했습니다. 무제는 장건이 흉노 땅에서 경험한 것을 토대로 흉노를 공격했습니다. 장건은 흉노를 공격하는 데 큰 공을 세웁니다. 하지만 큰 위기도 겪게 됩니다.

[서역으로 통하는 문이 열리다]

조지
이라크 영토 내에 있었던 고대 국가. 장건에 의해 한나라 역사책에 소개된 먼 서방의 나라 이름.

큰 새
정확히 알려지지는 않았으나, 역사학자들은 타조라고 추측한다.

자문
어떤 일에 대해 그 방면의 전문가에게 묻는 것.

"황제 폐하, 오늘은 조지에 대해서 말씀드리겠습니다. 조지는 파르티아에서 서쪽으로 몇천 리 떨어진 곳에 있으며, 서쪽 바다에 접해 있습니다. 날씨는 덥고 습기가 많으며 밭을 갈아 벼를 심습니다. 큰 새가 있는데 알의 크기가 항아리만 합니다……."

한나라로 돌아온 장건은 황제의 자문을 담당하는 태중대부의 벼슬을 받아, 지난 13년 동안 자신이 경험했던 것들을 황제에게 날마다 들려주었습니다. 100명의 사절단 중에서 유일하게 살아남은 감보도 작은 벼슬을 받았습니다.

장건의 이야기를 들은 무제와 신하들은 마치 새로운 세계를 여행하는 것 같았습니다. 그가 흉노에 붙잡혀서 흉노인이 된 척 살아야 했고, 10년 만에 찾아온 기회를 틈타 탈출했던 이야기에 황제와 신하들은 감탄하지 않을 수 없었습니다. 그리고 고생 끝에 대월지를 찾아갔지만 대월지의 왕이 복수를 이미 포기했다는 이야기를 했을 때, 궁 안에서는 깊은 탄식이 흘러나왔습니다.

장건은 자신의 발길이 직접 닿았던 흉노, 페르가나, 강거, 대월지, 박트리아에 대한 정보를 자세하게 전해 주었습니다. 특히 흉노의 핵심 지역인 하서회랑에 대한 상세한 정보는 한나라가 흉노의 영토 깊숙한 곳을 공격할 수 있는 길을 제시해 주었습니다.

▶ 니사 유적
투르크메니스탄의 수도 아슈하바트 근교에 있는 고대 파르티아 왕국의 유적.

동서 교통의 요지, 파르티아

파르티아(기원전 247~기원후 226)는 아케메네스 왕조 페르시아가 멸망한 후 기원전 3세기 중반 이란 동북부에 나라를 세우고, 470여 년간 다스렸던 왕국입니다. 이들은 사산 왕조 페르시아가 등장하기까지 아케메네스 왕조 페르시아의 전통을 지키면서 번영을 누렸습니다. 파르티아는 서쪽으로는 로마 제국, 동쪽으로는 한나라의 중간 지점에 위치해 있어 동서 교통로 역할을 담당했습니다. 한나라는 장건의 실크로드 개척으로 파르티아의 존재를 알게 되었습니다. 장건이 무제에게 보고한 바에 따르면 파르티아는 농경과 상업이 발달했다고 합니다. 파르티아의 미토리테스 2세 왕 때에는 사신을 파견하여 한나라와 교역이 이루어졌습니다. 파르티아가 발전함으로써 중국과 로마가 밀접한 관계를 가질 수 있었습니다. 또한 중국과 파르티아 사이의 길은 훗날 '실크로드'로서 동서를 잇는 길이 되었습니다.

오손
중국 한나라 시기부터 남북조 시대까지 톈산북로 주변에 살던 터키계 유목 민족.

알란
중앙아시아 북부에서 남러시아 초원 지대에 살던 이란계 유목 민족. 한자로는 엄채라고 했다.

또한 오손, 알란, 파르티아, 조지, 인도 등에 대한 이야기는 한나라가 흉노 서쪽의 나라들과 새로운 관계를 맺어야 할 필요성을 일깨워 주었죠.

무제는 장건이 전해 주는 소식이 반가웠습니다. 흉노와 전면전을 선포한 그에게 흉노의 서쪽 나라들에 대한 정확한 정보는 가문 땅의 단비와 같았습니다. 그중에서 무제의 관심을 끌었던 나라는 페르가나였습니다. 장건이 입에 침이 마르도록 칭찬한 페르가나의 포도주를 하루빨리 맛보고 싶었습니다. 그보다 더 무제의 마음을 사로잡은 것은 페르가나의 명마인 한혈마에 대한 이야기였습니다.

"페르가나에는 하루에 천 리를 달린다는 한혈마가 있습니다."

지금까지 한나라가 흉노에게 계속 패배할 수밖에 없었던 이유 중 하나는 흉노에 우수한 말이 있었기 때문입니다. 흉노의 말은 몸통이 작지만, 초원의 혹독한 추위를 견디고 거친 먹이를 먹으면서 어떠한 상황에도 버틸 수 있는 적응력을 가지고 있었습니다. 또한 한나라의 말보다 훨씬 더 빠른 속도를 낼 수 있었습니다.

무제는 한나라의 영토를 지키려고만 했던 예전 황제들과 달랐습니다. 흉노를 공격해서 멸망시켜야겠다고 생각한 것입니다. 그러기 위해서는 흉노의 말보다 더 뛰어난 말이 필요했습니다.

무제는 장건이 귀국하기 3년 전인 기원전 129년부터 대규모의 군대를 동원해서 흉노를 끊임없이 공격했습니다. 유목 생활을 하는 흉노가 오랫동안 전쟁을 지속하기는 어려울 것이라고 판단했기 때문입니다.

무제의 예상은 적중했습니다. 한나라는 흉노와 밀고 밀리는 전쟁을 반복하면서 오르도스 지역까지 영토를 넓힐 수 있었습니다. 그곳은 바로 진나라 때 몽염 장군이 흉노를 몰아내고 만리장성의 요새를 쌓은 곳이었습니다. 한나라는 무너진 몽염 장군의 요새를 다시 고쳤습니다.

한나라의 영토는 유방 황제가 흉노에게 패하기 전인 진나라 때의 국경을 회복했습니다. 하지만 흉노도 만만한 상대가 아니었습니다. 흉노 역시 한나라의 빈틈을 노려 집요한 공격을 펼쳤으며, 한나라는 북쪽 땅의 일부를 흉노에게 다시 빼앗겼습니다.

이런 상황에서 페르가나의 한혈마는 무제에게 흉노를 정벌하라고 하늘이 내려 준 천마가 아닐 수 없었습니다. 만약 한혈마를 손에 넣을 수 있다면, 대월지나 흉노 서쪽의 나라들과 힘을 합치지 않고서도 흉노를 멸망시킬 수 있을 것이라고 생각했습니다. 또 한편 장건이 흉노에서 생활하면서 그곳에 대해 알게 된 지식과 서역 나라들의 정보도 무제에게는 희망의 빛이었습니다.

▶ 포도

오르도스
중국 네이멍구 자치구 남쪽 끝에 있는 도시.

▶ 자주개자리

말에게 먹이는 사료용 풀. 서역의 말들이 한나라에 들어오면서 말의 사료로 쓰던 풀도 함께 들어왔다. 이후 실크로드를 통해 우리나라에도 들어왔다.

장건 이후에 전해진 서쪽 나라의 교역품들

중국인 중 최초로 포도를 먹고 포도주를 마신 사람은 아마도 장건일 것입니다. 중국의 민간 전설에 따르면 포도와 석류를 중국으로 가져 온 사람이 장건이라고 합니다. 하지만 중국 역사서에 따르면, 포도는 장건이 사망한 후에 다른 한나라 사신이 서쪽 나라로부터 포도씨를 가지고 왔으며, 무제가 비옥한 땅에 심어서 널리 퍼뜨렸다고 적혀 있습니다. 포도 이외에도 서쪽 나라의 우수한 말이 한나라로 들어왔고, 말의 사료인 자주개자리도 수입되었습니다. 그 외에도 석류와 호두, 깨, 후추, 오이, 누에콩, 마늘 등이 모두 장건이 개척한 실크로드를 통해서 한나라에 전해졌습니다. 빛나는 옥, 거북이 등껍질, 코뿔소의 뿔, 물총새의 날개 등의 진귀한 물건들도 한나라의 수도인 장안을 화려하게 빛낸 장식품이 되었습니다. 이후 한나라에 전해진 서역의 물품들은 실크로드를 따라 우리나라와 일본에까지 전해졌습니다.

3장 | 실크로드에서 웃고, 실크로드에서 울다

[장건, 새로운 교역로를 제안하다]

　기원전 126년, 흉노의 선우 자리를 놓고 벌인 삼촌과 조카의 싸움은 결국 삼촌의 승리로 끝났습니다. 보통 흉노의 선우는 맏아들이 물려받았습니다. 그런데 군신 선우의 동생인 이치사는 흉노 백성들이 한나라에 맞설 강한 선우를 원한다는 명분을 내세워 조카를 쫓아내고 선우가 되었습니다. 삼촌에게 밀린 어단 태자는 이치사를 피해 군대를 이끌고 한나라에 항복할 수밖에 없었습니다. 한나라 황제는 그를 기꺼이 반겨 주었습니다. 흉노를 공격할 때 그를 이용하려고 했던 것입니다. 하지만 태자는 한나라에 항복한 지 몇 개월 후 이국땅에서 쓸쓸한 죽음을 맞이했습니다.

　성질이 사납고 전쟁을 좋아했던 이치사는 선우에 오르자마자 한나라를 강하게 몰아붙였습니다. 이치사의 부하였던 우현왕은 한나라의 영토로 자주 쳐들어와서, 노략질을 서슴지 않았습니다. 한나라가 흉노의 땅을 빼앗고 몽염 장군의 요새를 다시 쌓은 것에 대한 보복이었습니다.

우현왕
선우와 좌현왕 다음의 제3인자. 흉노의 영토는 크게 5부로 나누어져 있었는데, 우현왕은 흉노의 오른쪽(서쪽)을 맡고 있었다.

위청
한나라 무제 때의 대장군(?~기원전 106). 누이였던 위자부가 무제의 황후였다. 흉노 정벌 때 공을 세워 대장군으로 활약했다.

　한나라도 당하고만 있지 않았습니다. 기원전 124년, 무제는 황후의 동생인 위청을 대장군으로 삼아 10만 명의 군사를 동원해서 흉노를 공격했습니다. 한나라 군대는 3만 명의 기마병을 동원해서 몽염의 요새에서 몰래 빠져나와 250킬로미터나 떨어진 곳에 있었던 흉노 군대의 기지를 갑자기 공격했습니다.

　그때 흉노의 우현왕은 술에 취해 있었습니다. 한나라 군대가 이곳까지 쳐들어올 수 없을 거라고 방심하고 있었던 것입니다. 우현왕은 너무 놀라서 군대를 버리고 달아났습니다. 대장을 잃은 흉노 병사들은 사방으로 뿔뿔이 흩어졌습니다.

흉노의 많은 장군과 1만 5천 명의 백성들이 포로로 잡혀 왔고, 100만 마리나 되는 가축들도 잡아왔습니다. 기습 공격에 성공한 한나라는 흉노 본토를 공격하는 데 자신감을 얻게 되었습니다. 장건이 알려 준 흉노에 대한 정보가 이 전쟁에서 중요한 역할을 했습니다.

기원전 123년, 무제는 다시 10만 명의 병사를 동원해서 흉노를 공격했습니다. 흉노는 지난번 한나라의 기습 공격으로 큰 피해를 입자, 티베트 군대와 연합해 한나라 군대의 공격에 대비했습니다. 무제도 이번에는 쉽게 승리할 수 없을 것이라고 생각했습니다. 그래서 장건을 군대의 참모로 삼아 대장군 위청과 함께 전쟁에 참가하도록 했습니다. 흉노의 핵심 지역인 하서회랑을 공략하기 위해서는 흉노의 지리를 잘 알고 있는 장건의 도움이 절대적으로 필요했기 때문이었습니다.

> **참모**
> 지휘관을 도와서 작전, 군수 등의 업무를 맡는 장교.
>
> **원정**
> 먼 곳으로 싸우러 가는 것. 특히 멀리 있는 다른 나라를 정복하러 가는 것이다.

흉노 땅 곳곳에서 전투가 일어났습니다. 한나라는 장군 두 명과 선봉대로 나섰던 기마병 3천여 명이 전멸하는 피해를 입었습니다. 하지만 한나라 군대는 이 원정에서 흉노군을 크게 격파하고, 2만 명의 포로를 잡는 큰 승리를 거두게 됩니다. 장건은 이번에도 큰 공을 세웠습니다.

장건은 낯선 사막 땅에서 물과 풀이 있는 곳을 알고 있었기 때문에 한나라 군대가 목마르거나 굶주리는 일이 없도록 길을 안내했습니다. 한나라 군대의

▶ 복류수

사막은 끝없는 모래의 세계이지만, 물과 생명이 전혀 없는 곳은 아니다. 톈산 산맥과 쿤룬 산맥에서 흘러 내려오는 풍부한 물은 일부가 증발해서 사라지고, 나머지 부분은 고비 사막 밑으로 감추어져 흘러갔다. 이것이 '복류수'라는 지하수이다. 장건은 오랫동안 흉노 지역에서 포로 생활을 하면서 사막 일대에서 물과 풀이 어디에 있는지를 잘 알게 되었다. 넓은 사막에서 오아시스가 어디 있는지 알고 있는 유일한 한나라 사람이었다.

안전과 작전 수행에 결정적인 역할을 한 것입니다.

    무제는 장건의 공로를 크게 칭찬하며 '모든 것을 볼 수 있는 제후'라는 뜻을 가진 '박망후(博望候)'에 임명하였습니다. 박망후의 지위를 얻게 된 장건은 예전부터 생각해 왔던, 흉노 땅을 거치지 않고 서쪽 나라들로 갈 수 있는 새로운 길을 개척하자고 무제에게 제안했습니다.

"황제 폐하, 박망후 장건이 아룁니다. 제가 박트리아에 있을 때, 한나라 서남쪽 지방에서 생산된 비단과 대나무 지팡이를 그곳 상인들이 팔고 있는 것을 보았습니다. 상인에게 물어보니, 인도에서 가져왔다고 했습니다. 분명 인도는 한나라의 서남쪽에서 그다지 멀지 않은 곳에 있을 것입니다."

장건은 위험한 흉노 땅을 피할 수 있는 안전한 길을 새로 개척하자고 말했습니다. 무제도 그의 생각에 동의했습니다. 그 길이 열리기만 한다면 서역과의 교역을 활발히 할 수 있을 것이고, 한혈마도 구할 수 있을 것입니다.

무제는 장건을 사신단의 책임자로 임명하고, 사신단을 한나라 서남쪽에서 네 갈래로 나누어 동시에 출발하도록 했습니다.

각각 다른 길로 간 한나라 사신들 일부는 그곳 나라의 반대에 막혀서 더 나아가지 못했고, 일부는 사신의 물건에 욕심을 내는 도둑들에게 살해되기도 했습니다. 오직 서쪽으로 간 사신만이 '전'이라고 하는 새로운 나라를 발견하고 돌아왔습니다. 그 나라의 백성들은 코끼리를 타고 다니는데, 한나라의 상인 중 일부가 몰래 그곳으로 가서 그 나라 상인들에게 한나라의 물건을 팔고 있다는 사실만 확인할 수 있었습니다. 목적을 이루지는 못했지만 전나라와 통행할 수 있게 된 것은 큰 성과였습니다.

> **전**
> 중국의 윈난 성 지방에 있었던 나라. 정확히 어느 도시인지는 알려져 있지 않다.

비록 인도로 가는 길을 개척하려는 시도는 실패로 끝나고 말았지만, 무제는 뒷날 장건의 시도를 경험으로 삼아 한나라 서남쪽의 여러 나라들을 정벌하고 인도로 가는 길을 열게 됩니다.

야랑자대

장건은 한나라에서 인도로 가는 길을 개척하기 위해 여러 방면으로 사신을 보냈습니다. 그 중 한 명의 사신이 '전나라'에 도착했을 때, 한나라를 알지 못했던 전나라 왕은 "한나라와 전나라를 비교하면 어느 나라가 더 큽니까?"라고 물었습니다. 한나라의 한 개 지방보다도 작은 전나라 왕의 질문에 한나라 사신은 어이가 없었습니다.

또 다른 사신이 전나라보다 더 작은 '야랑'이라는 곳에 도착하자 야랑을 다스리는 제후가 전나라 왕과 똑같이 물었습니다. "한나라와 야랑을 비교하면 어느 나라가 더 큽니까?" 하룻강아지는 호랑이가 얼마나 무서운지 몰랐던 것입니다.

여기에서부터 '야랑이 스스로를 높이다'라는 뜻의 '야랑자대(夜郎自大)'라는 사자성어가 생겼습니다. 현재 중국에서도 사용하고 있는 이 말은 자기 분수를 모르고 허세를 부린다는 의미입니다.

흉노의 무기

흉노족의 활은 '반곡궁'으로 불렸는데, 탄력이 우수한 나무와 금속을 섞어서 만들었습니다. 물고기 뼈와 짐승 가죽을 섞어 만든 접착제로 나뭇조각, 힘줄, 뿔판을 단단히 붙여서 1.3미터 길이의 활을 만들었습니다. 이 활에 화살을 걸어 발사하면 최고 200미터까지 날아갈 수 있었다고 합니다. 화살의 종류도 매우 다양했으며, 파괴력이 높았습니다. 사슴 사냥을 할 때는 뼈로 만든 화살을 사용했고, 전쟁을 시작할 때는 '우는 화살(효시, 嚆矢)'을 사용했습니다. 전쟁에 사용하는 화살은 60센티미터 정도의 철 화살을 사용했는데, 정확도와 파괴력이 매우 뛰어났습니다. 흉노의 기마병들은 보통 한 사람당 서른 개의 화살을 가지고 다녔으며, 화살이 떨어지면 화살 기술자가 필요한 만큼 곧바로 만들어 주었다고 합니다.

▶ **중국 간쑤 성 우웨이 레이타이 공원의 한혈마 동상**
한나라 무제는 한혈마를 매우 좋아했다고 한다

[죽음의 위기를 넘기다]

장건의 이름은 널리 알려졌습니다. 한편 장건 못지않게 한나라 백성들 사이에서 유명한 사람이 있었습니다. 바로 장군 곽거병이었습니다. 그는 황제의 친척이고, 대장군 위청의 조카였으며 기마병 부대의 뛰어난 전사였습니다.

> **곽거병**
> 흉노를 물리치는 데 큰 공을 세운 한나라의 무제 때의 장군(기원전 140~기원전 117). 정예부대를 이끌고 먼저 적진 깊숙이 쳐들어 가는 전법으로 한나라의 영토 확대에 큰 공을 세웠다.

곽거병은 열여덟 살의 어린 나이로, 장건을 박망후로 만들어 준 전투에 처음 출전했습니다. 그는 800명의 기마병을 이끌고 선봉대로 나섰지만, 한나라의 핵심 부대와 연락이 끊겨 많은 어려움을 겪었습니다. 그는 불리한 상황에서도 흉노 군대를 과감히 공격해서 2천 여 명을 죽이고 선우의 일가친척들을 포로로 잡는 맹활약을 보여 주었습니다. 무제는 장건의 공로를 인정해 주고, 곽거병의 활약을 높이 칭찬해 주었습니다.

기원전 121년 봄, 스무 살이 된 곽거병은 기마병 1만 명을 이끄는 장군으로 임명되었습니다. 그의 임무는 흉노의 핵심 지역인 하서회랑의 중심부를 공격하는 것이었습니다. 곽거병은 흉노의 가장 강력한 군대를 격파하고, 흉노의 핵심 지역을 모두 장악했습니다. 그는 이 전투에서 1만 명이 넘는 흉노족을 포로로 사로잡았습니다. 뿐만 아니라 많은 보물도 가져왔는데, 그중에는 흉노족이 하늘에 제사를 지낼 때 사용했던 황금 동상도 있었습니다. 곽거병이 황금 동상을 앞세우고 위풍당당하게 귀환하자, 무제와 한나라 백성들의 기쁨은 말로 표현할 수 없을 정도였습니다.

흉노와의 전쟁에서 잇따라 승리한 무제는 자신감을 얻었습니다. 그는 이참에 흉노를 멀리 쫓아 버리고 싶었습니다. 그러기 위해서는 새로운 전략이 필요했습니다. 전쟁이 계속되자, 흉노군도 지금까지와는 다른 전략을 썼습니다. 한나라 군대를 흉노 영토의 깊숙한 곳까지 유인해서 지치게 만든 후 기습 공격을 하는 것이었습니다.

또한 곽거병이 이끈 전투에서 곽거병은 뛰어난 지휘로 전투를 승리로 이끌었지만 한나라 병사 1만 명 중 살아서 돌아온 병사는 3천 명밖에 되지 않았습니다. 흉노군이 곽거병 부대가 막강하다는 소식을 듣고, 그 부대만을 집중 공격한 데다 식량 등 지원이 제대로 되지 않았기 때문입니다.

같은 해 여름, 무제는 군대를 두 부대로 나누어 흉노를 공격하기로 결정했습니다. 한 부대는 곽거병이 이끌었고, 또 다른 부대는 곽거병과 더불어 가장 뛰어난 장수로 평가받는 이광이 맡았습니다. 또한 부대마다 따로 지원 부대를 두어서, 군사와 식량을 지원하도록 했습니다.

무제의 신임을 받고 있던 장건도 1만 명을 이끄는 장군으로 선발되었습니다. 장건은 이광 장군이 지휘하는 기마병 4천 명의 후방을 지원했습니다. 무제는 흉노의 지리를 잘 알고 있는 장건에게 군대 지원의 총책임을 맡겨, 지난번 전쟁에서 드러난 문제점을 해결하려고 했습니다.

선발 부대인 곽거병과 이광의 군대는 각각 흉노의 서쪽과 동쪽으로 이동했고, 각 지원 부대는 5일

이광
한나라의 장군(?~기원전 119)으로 문제, 경제, 무제 삼 대에 걸쳐 활약했다. 무예가 뛰어나 평생을 흉노와 싸웠다. 그러나 능력을 제대로 인정받지 못한 비운의 장군이다.

후방(後方)
전쟁이 치뤄지는 지역의 뒤에 떨어진 지역으로 적군과 싸우고 있는 아군에 대한 보급·보충의 기능을 한다.

▶ 양관 유적지
양관은 둔황 서남쪽으로 75킬로미터 떨어진 작은 오아시스에 있다. 한나라 때에는 수만 명의 군대가 배치되었던 중요한 관문이었다.

간격을 두고 뒤를 따라갔습니다. 장건은 이광 장군과 회의를 해서 베이징 북쪽의 흉노 영토에서 다시 만나기로 했습니다.

장건이 1만 명의 군사를 이끌고 흉노 땅으로 들어가자, 흉노 기마대의 공격이 시작되었습니다. 흉노 군대의 목적은 이광 장군의 군대와 장건의 지원 부대가 만나는 시간을 최대한 늦추어서 그 틈에 이광 장군의 선발대를 전멸시키려는 것이었습니다.

장건 역시, 흉노의 전략을 알고 있었습니다. 서둘러 군대를 이동시키려 했지만, 몰래 숨어 있던 흉노 군대는 길목마다 나타나 장건의 바쁜 발걸음을 붙잡았습니다. 또한 장건은 장군으로 군대를 지휘해 본 적이 없었습니다. 경험이 부족한 장건의 부대가 우왕좌왕하는 사이에 시간은 계속 흘러갔습니다.

한편, 이광 장군은 흉노의 왼쪽 날개(동쪽)를 책임지고 있는 좌현왕의 군대와 격렬한 전투를 벌이고 있었습니다. 한나라는 흉노군의 핵심 부대가 곽거병 부대를 상대할 것이라고 생각했습니다. 하지만 예상과 달리 흉노는 4만 명의 군사를 이끌고 이광 군대를 공격했고, 수적으로 절대적으로 불리한 이광 군대는 흉노군에 포위되어 버렸습니다. 군사들이 모두 겁에 질리자, 노련한 장군인 이광은 그의 아들에게 명령을 내려 흉노 군대의 한가운데를 돌파하게 했습니다. 이광의 아들은 겨우 기마병 수십 명만을 거느리고 흉노군의 중앙을 돌파해서, 적을 좌우로 갈라놓았습니다. 이 모습을 본 한나라군은 다시 자신감을 얻었습니다. 이광 장군은 군대의 진을 동그랗게 만들어 사방에서 공격해 오는 흉노를 막게 했습니다. 흉노 군대가 쏘는 화살이 빗발쳤습니다. 한나라 군대는 죽은 자가 이미 절반을 넘었고, 화살도 거의 떨어졌습니다. 이광 장군은 병사들을 계속 독려했습니다.

"병사들이여, 두려워하지 말라. 장건 장군이 이끄는 지원 부대가 조만간 올 것이다. 화살을 아껴 명중시킬 수 있는 거리에서 활을 쏘아라!"

이광 장군이 활시위를 당길 때마다 적은 곧바로 고꾸라졌습니다. 흉노의 용

좌현왕
선우 다음으로 지위가 높은 흉노의 제2인자이며, 흉노 동쪽을 방어하는 책임자. 흉노는 태양이 뜨는 왼쪽(동쪽)을 오른쪽(서쪽)보다 귀하게 여겼기 때문에, 동쪽을 다스리는 좌현왕이 선우 다음가는 권력을 가졌다.

감한 장군들도 이광 장군의 화살에 목숨을 잃었습니다. 흉노 병사들이 오히려 겁을 먹고 주춤하는 사이, 날이 어두워져 흉노군은 포위를 풀 수밖에 없었습니다.

다음 날 흉노의 군대가 개미 떼처럼 몰려들어 한나라 군대를 다시 포위했습니다. 장건과 약속한 날짜가 이미 지났기에, 이광 장군은 밤에라도 장건의 지원 부대가 도착하지 않을까 하는 기대를 했습니다. 하지만 장건은 오지 않고, 시커먼 화살만이 하늘을 뒤덮었습니다.

'아, 정말 이대로 끝이란 말인가……'

이광 장군이 모든 것을 체념한 순간, 마침내 장건의 지원 부대가 도착했습니다. 한나라 지원 부대가 등장하자, 당황한 흉노 군대는 흩어져 빠르게 도망가 버렸습니다. 장건은 이광 장군을 똑바로 쳐다볼 수 없었습니다. 죽은 병사들을 끌어안고 눈물을 흘리는 이광 장군을 보면서, 이 모든 것이 자신이 약속 시간보다 늦게 왔기 때문에 일어난 일임을 뼈아프게 받아들일 수밖에 없었습니다.

공격 부대가 거의 전멸했기 때문에 이광 장군과 장건은 한나라로 돌아갔습니다. 이광 장군은 돌아가는 내내 한마디의 말도 하지 않았습니다.

두 사람은 황제에게 전쟁에 패배한 이유를 설명하고 재판을 받았습니다. 장건은 전쟁 패배의 모든 책임이 자신에게 있다고 말했습니다. 장건은 사형을 선고받았습니다. 그리고 박망후의 지위도 박탈당했습니다. 하지만 장건은 한나라의 사면법에 따라 많은 벌금을 내고 사형만은 피할 수 있었습니다.

반면, 또 다른 공격 부대인 곽거병 군대는 흉노의 오른쪽 날개(서쪽)를 공격해서 적군 3만 2천 명을 죽이거나 부상을 입혔으며, 흉노의 다섯 장군을 포로로 잡는 승전보를 울렸습니다. 그의 맹활약으로 흉노는 척박한 사막 북쪽으로 쫓겨났습니다.
　기원전 121년 여름의 전투에서 장건의 지위는 떨어졌고, 곽거병의 명성은 한없이 높아졌습니다.

▶ 고비 사막

한나라의 사면법

당시 한나라의 법에는 사형을 피하는 방법이 두 가지 있었습니다. 첫 번째는 많은 돈을 내고 죄를 사면 받는 방법입니다. 사형을 피할 수는 있지만, 귀족 신분을 박탈당하고 평민이 되어야 했습니다. 장건도 돈을 내고 죄를 사면받았지만, '박망후(제후)' 지위를 박탈당하고 평민 신분이 되었습니다. 두 번째는 지위도 돈도 없는 자가 궁형으로 사형을 피하는 방법입니다. 궁형은 남자의 생식기를 자르는 수치스러운 형벌입니다. 한나라의 역사책인 『사기』의 저자 사마천이 궁형을 받았습니다. 사마천은 이광 장군의 손자 이릉 장군을 변호하다가 무제의 노여움을 사서 사형에 처해지게 되었습니다. 사마천은 돈도 지위도 없었기 때문에 사형을 받을 수밖에 없었는데, 『사기』를 완성하기 위해 이 치욕스러운 형벌을 받았습니다.

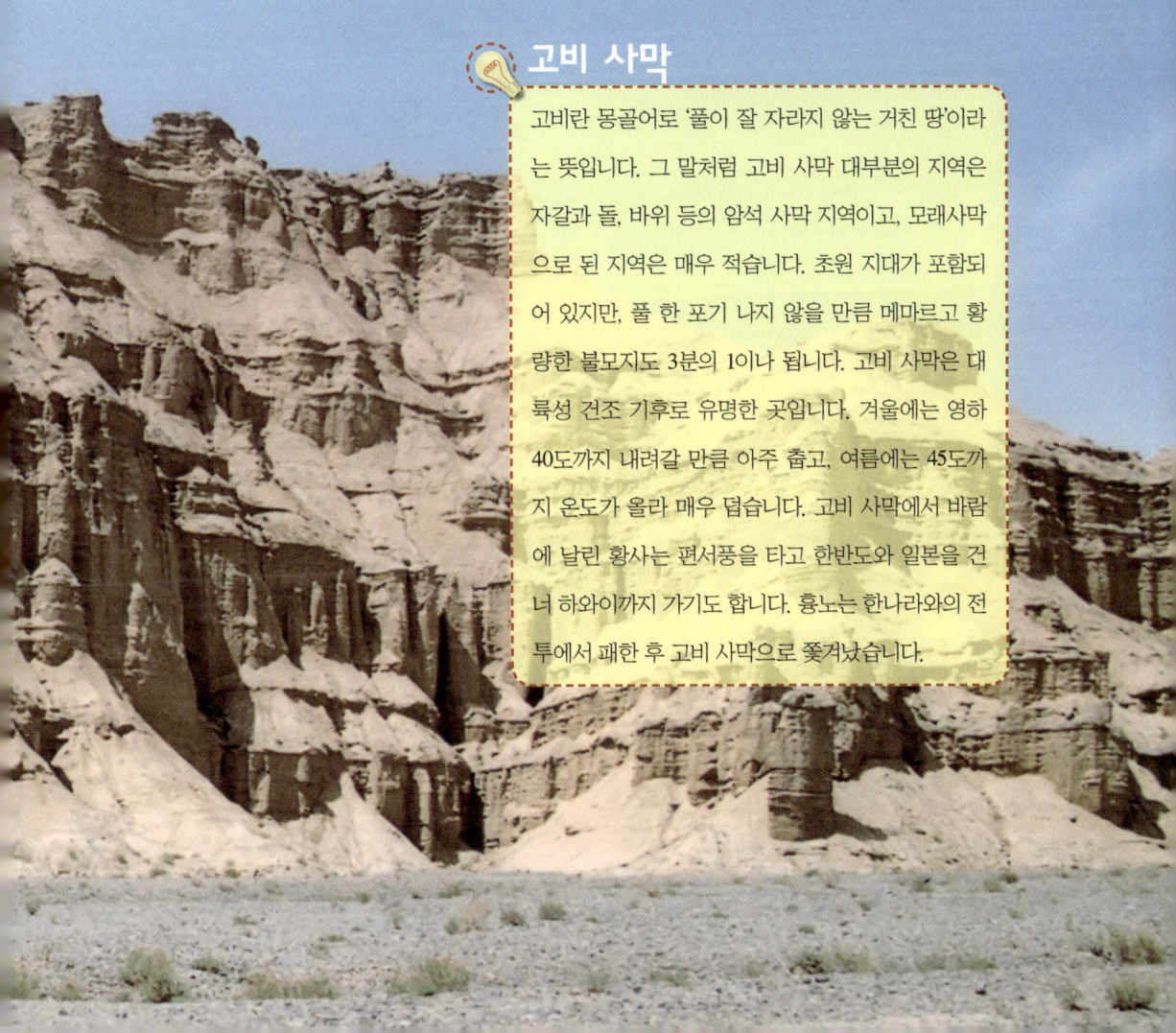

고비 사막

고비란 몽골어로 '풀이 잘 자라지 않는 거친 땅'이라는 뜻입니다. 그 말처럼 고비 사막 대부분의 지역은 자갈과 돌, 바위 등의 암석 사막 지역이고, 모래사막으로 된 지역은 매우 적습니다. 초원 지대가 포함되어 있지만, 풀 한 포기 나지 않을 만큼 메마르고 황량한 불모지도 3분의 1이나 됩니다. 고비 사막은 대륙성 건조 기후로 유명한 곳입니다. 겨울에는 영하 40도까지 내려갈 만큼 아주 춥고, 여름에는 45도까지 온도가 올라 매우 덥습니다. 고비 사막에서 바람에 날린 황사는 편서풍을 타고 한반도와 일본을 건너 하와이까지 가기도 합니다. 흉노는 한나라와의 전투에서 패한 후 고비 사막으로 쫓겨났습니다.

▶ 란저우 교외를 흐르는 황하 강
간쑤 성은 중국 북서부, 황하 강의 상류에 있는 성으로, 실크로드의 통로였다.
밀과 옥수수, 담배, 석탄, 석유 등이 많이 나며, 성도는 란저우다

4장 마침내 열리는 실크로드

한나라는 서역을 가기 위해서 반드시 거쳐 가야 하는 땅인 하서회랑을 차지하게 되었습니다. 하지만 여전히 한나라와 흉노는 대치 상황이었습니다. 무제는 장건을 오손에 사신으로 파견했습니다. 무제는 흉노를 완전히 물리치기 위해 오손과 동맹을 맺고자 했습니다. 장건은 기원전 119년에 다시 서역으로 길을 떠나게 됩니다. 하지만 그 길은 처음과는 달랐습니다. 한나라 손에 들어온 안전한 길을 따라 장건은 사신단을 이끌고 서역의 땅으로 발을 디뎠습니다. 그의 발걸음을 따라 동서양이 만나는 실크로드가 열릴 것입니다.

▶ **2차 실크로드 이동 경로** | 장안 – 농서 – 옥문관 – 누란 – 쿠차 – 오손
쿠차 – 카슈가르 – 귀산성 – 람지성 – 사거 – 호탄(부사절)

[다시 서역으로!]

혼야왕
흉노의 서쪽 지역을 담당하던 인물. 곽거병의 군대에 계속 패배하자, 동료였던 휴도왕을 죽이고, 한나라에 투항했다.

흉노의 서쪽을 담당하고 있던 부대가 곽거병에게 패하자, 성질이 포악한 이치사 선우는 크게 화를 내며 당장 혼야왕을 불러들였습니다. 혼야왕은 이치사 선우가 자신을 죽이려 한다는 소식을 들은 터라 두려움에 떨었습니다. 결국 혼야왕은 군사 4만 명을 이끌고 곽거병에게 항복했습니다. 이로써 한나라는 하서회랑 전체를 손에 넣게 되었습니다.

흉노와의 전쟁으로 많은 영토를 차지한 한나라에게는 고민이 있었습니다. 흉노를 공격해 영토를 확보한 뒤에도 그 땅을 지배하지 못했던 것입니다. 흉노의 땅은 농사를 지을 수 없었기 때문입니다. 또한 흉노군이 언제 공격해 올지 모르기 때문에 전쟁이 끝나자마자 한나라로 돌아가야 했습니다. 때마침 수만 명이나 되는 흉노 군대가 한나라에 항복해 온 것입니다. 무제는 그들을 정복한 지역에 나누어 살게 했습니다. 혼야왕에게 관리를 맡겨, 흉노의 풍속을 유지하되, 한나라의 속국이 되게 한 것이죠. 흉노의 서쪽 지역은 한나라 영토가 되었고, 흉노 군대는 더 이상 쉽사리 공격해 올 수가 없었습니다.

흉노에 대한 두려움이 사라진 것은 아니었습니다. 이치사 선우가 이끄는 흉노의 핵심 부대가 여전히 동쪽 지역에서 한나라에 많은 피해를 주고 있었습니다. 장건이 박망후에서 물러난 지 2년이 지난 기원전 119년, 무제는 대장군 위청과 곽거병에게 각각 5만 명의 기마병을 이끌고, 고비 사막을 가로질러 이치사 선우를 공격할 것을 명령했습니다.

▶ 한나라 때의 봉수대 유적

중국 신강 쿠차 키질가하에 있는 봉수대는, 한나라 무제 때 흉노의 침입을 경계하기 위해 세운 것이다. 한나라는 국경 근처에 봉화대를 만들어 적이 쳐들어오는 등의 위급한 상황이 발생하면 봉화에 불이나 연기를 피워서 알렸다.

흉노의 슬픈 노래

흉노는 곽거병 군대의 공격으로 서쪽의 주요 유목 지역(치롄산 일대)을 잃고, 고비 사막 북쪽으로 옮겨가야 했습니다. 치롄산 일대는 흉노의 천연 목장이 있던 곳으로, 그 지맥인 연지산은 실크로드를 지키는 요충지였습니다. 또 연지의 주원료인 홍화가 많이 재배되는 곳이기도 했습니다. 흉노의 여인들은 홍화에서 얻은 붉은색 염료인 연지로 화장을 했습니다.

▶ 홍화

이 땅을 차지한 무제는 이곳에 군현을 설치하고, 넓은 목장을 지었습니다. 이후 서역에서 가져온 한혈마 등의 명마들을 이곳에서 키웠습니다.

"우리는 치롄산을 잃어 가축을 먹일 수 없고, 우리는 연지산을 잃어 여인들의 얼굴을 물들일 수도 없네."

이 소식을 들은 이치사 선우는 한나라 군대가 절대로 고비 사막을 건너올 수 없을 것이라고 생각했습니다. 설령 사막을 건너온다고 하더라도 건너는 동안 이미 지쳐 버린 병사들을 상대하는 것은 쉬울 것이라 생각했습니다. 그래서 이치사 선우는 정예 부대만 이끌고 사막 북쪽에서 기다렸습니다. 마침내 대장군 위청이 나타나자, 두 나라 군대는 사막의 한가운데에서 큰 전쟁을 치르게 되었죠.

그런데 해가 저물 무렵 갑자기 흉노 군대가 밀집된 곳에 모래폭풍이 몰아쳤습니다. 한나라 군대는 이때를 놓치지 않았습니다. 눈을 뜰 수 없는 상황에서 흉노군은 속수무책으로 당했습니다. 전세가 불리해진 이치사 선우는 자신의 군대를 버리고 도망갔습니다. 한나라군은 선우를 찾으려고 백방으로 노력했지만 결국 이치사 선우가 도망간 곳을 알아내지 못했습니다. 흉노도 이치사 선우가 죽었다고 생각해서, 장군 중 한 명이 스스로 새로운 선우에 오르기도 했습니다.

한편, 곽거병은 이번에도 큰 활약을 했습니다. 한나라 군대의 두 배나 되는 흉노의 최강 부대 9만 명을 상대로 큰 승리를 거두었습니다. 80명이 넘는 흉노의 장군들과 7만 명이 넘는 흉노 군사들을 포로로 잡은 쾌거였습니다. 지난 10여 년 동안 팽팽했던 한나라와 흉노 사이의 힘의 균형은 무너지기 시작했습니다. 승리의 여신이 한나라를 향해 웃기 시작한 것입니다.

흉노와의 전쟁에서 승승장구하던 한나라에 큰 불행이 닥쳐왔습니다. 한나라의 전쟁 영웅이었던 곽거병이 전쟁터에서 오염된 물을 마신 후 병에 걸려 스물네 살의 젊은 나이로 갑자기 세상을 떠났습니다.

또한 한나라는 흉노와 10년간 계속된 전쟁에 너무 많은 병사와 군사용 말을 잃었습니다. 병사와 말 이외에도 전쟁을 하려면 많은 돈이 필요했습니다. 전투 부대를 지원하기 위한 곡식과 무기는 모두 백성들의 세금으로 거두어 들였습니다. 점령한 흉노의 땅에 성을 쌓고 도로를 닦는 등의 각종 공사에도 백성들을 동원했습니다. 10년간 치러진 전쟁에 나라의 재정은 점점 어려워졌고, 백성들의 고통은 점점 커져 갔습니다.

　　곽거병이 죽은 후, 무제는 더 이상 큰 전쟁을 일으킬 수 없었습니다. 유능한 장군도, 많은 군사도, 전쟁을 뒷받침할 곡식과 말도 부족했습니다. 한나라와 비교할 수 없을 정도로 엄청난 피해를 입은 흉노 역시 고비 사막을 건너 한나라를 공격해 올 엄두를 내지 못하고 있었습니다.

▶ **곽거병의 무덤**
기원전 117년에 곽거병이 죽자, 그를 무척 아끼던 무제는 그의 죽음을 슬퍼하여 장안에서 그의 무덤까지 철갑으로 무장한 병사들에게 행진하도록 했다. 또한 그곳에 곽거병이 정복한 흉노의 치롄산을 본떠, 한창 만들고 있었던 자신의 능 옆에 곽거병의 묘를 만들게 했다.

한나라와 흉노는 잠시 휴전했습니다. 이 휴전은 오래가지 못할 것입니다. 흉노가 힘을 비축한 후 언제 한나라를 공격해 올지 모를 일이었습니다. 무제의 고민은 깊어져 갔습니다.

새로운 해결책이 필요했습니다. 그때 무제는 무릎을 탁 쳤습니다! 한동안 잊고 있었던 장건이 떠오른 것입니다. 왠지 장건이라면 흉노 문제를 해결해 줄 새로운 대안을 가지고 있을 것 같았습니다. 무제는 당장 장건을 궁에 불러들였습니다.

곽거병 묘에 세워진 '흉노족을 밟고 있는 말' 석상이다.

"황제 폐하, 한동안 우리 한나라는 흉노를 공격하는 데 너무 몰두했습니다. 하지만 오랜 전쟁으로 병사들은 지쳤고, 말은 부족하며, 백성들은 굶주리게 되었습니다. 지금은 전쟁이 아니라 외교에 힘을 써야 할 때입니다. 흉노와 감정이 좋지 않은 서쪽 나라들에게 지원을 요청하십시오. 또한 서쪽의 많은 나라는 우리 한나라의 우수한 물건을 가지고 싶어 교류하기를 원합니다. 그들에게 비단을 주고, 그 나라들의 우수한 말을 수입하십시오. 그들과의 관계가 깊어질수록 흉노는 함부로 한나라를 넘볼 수 없을 것입니다."

"서쪽 나라들 중 어떤 나라가 우리와 손을 잡을 것 같나?"

"제가 흉노에 있을 때 오손이 흉노와 사이가 좋지 않다고 들었습니다. 월지가 흉노에게 패배하기 전에 오손은 월지와 함께 하서회랑에서 생활했습니다. 흉노가 월지를 쫓아낼 때, 오손도 공격해서 그 왕을 죽였습니다. 그때 죽은 왕의 아들이 현재 오손의 왕입니다. 흉노는 강제로 오손 백성들을 서쪽으로 이주시켜서 월지가 다시 침략할 경우를 대비해 방패막이로 삼고자 했습니다. 오손 왕에게 많은 보물을 주어서 그들이 원래 살았던 하서회랑에 살게 하십시오. 지금 그 땅은 우리 한나라 손에 들어왔으니, 그들과 힘을 합쳐 흉노를 상대하면 한나라에게도 큰 이익이 될 것입니다."

무제는 장건이 제시한 해결책을 받아들였습니다. 그리고 다시 한 번 오손의 사신으로 임명한다는 부절을 장건에게 내려 주었습니다.

다시는 서역으로 가지 못할 거라고 생각했던 장건은 가슴이 벅차올랐습니다. 장건은 가슴에 품은 부절을 만지며 다짐했습니다. 서역 나라들과 교류할 수 있는 안전한 길을 열겠노라고!

▶ 간쑤 성 장액에 있는 칠색산
흉노의 혼야왕이 한나라에 항복함으로써 한나라는 하서회랑 전체를 손에 넣게 되었다.
무제는 이 지역에 장액군과 무위군을 설치하였다.

[절반의 실패, 절반의 성공]

장건은 또다시 사신이 되어 오손으로 떠났습니다. 대월지의 사신으로 갈 때보다 더 많은 수행원과 선물이 장건의 뒤를 따랐습니다.

장건은 하서회랑을 지나 서역으로 갈 예정이었습니다. 하서회랑은 한나라에서 서역으로 가려면 반드시 거쳐야 하는 곳이었습니다. 예전에는 그곳을 지나려면 목숨을 걸어야 했지만 한나라는 10년이 넘게 계속된 흉노와의 전쟁으로, 하서회랑 전 지역을 차지했습니다. 이제는 흉노의 위협 없이 안전하게 오손까지 갈 수 있었습니다.

장건은 오손에 도착한 후 서역의 여러 나라에 파견할 사신들과 그 수행원을 300명이나 데리고 갔습니다. 또한 한나라의 물건을 좋아하는 서쪽 나라들의 마음을 얻고 한나라의 힘을 보여 주기 위해 수만 마리의 소와 양, 수만 냥의 금과 비단도 가져갔습니다.

> **악수**
> 지금의 중국 신장웨이우얼 자치구에 있는 고대 오아시스 도시. 악수는 위구르 말로 '흰 강'을 뜻한다. 한자로는 '온숙'이라고 했다.

장건은 수도 장안을 출발해 톈산 산맥의 북쪽 길을 이용해 악수에 도착한 뒤, 험난한 고개를 넘어 이식쿨 호수의 남쪽에 도착했습니다. 그곳에는 오손 왕이 거주하는 게르가 있었습니다. 주변에는 소나무와 느릅나무들이 즐비하게 늘어서 있었고, 백성들은 농사를 짓지 않았습니다.

오손 사람들은 톈산 산맥의 높낮이를 이용해서 가축과 함께 유목 생활을 하고 있었습니다. 헤아릴 수 없을 만큼 많은 말들이 초원 지대를 뛰어다니는 모습을 보면서, 장건은 오손 백성들이 흉노와 비슷한 생활 방식을 가지고 있음을 알 수 있었습니다.

장건은 황제의 선물을 가지고 오손 왕이 있는 게르 안으로 들어갔습니다. 오손 왕은 마치 자신이 흉노의 선우인 것처럼 거만하게 장건을 대했습니다. 한나라 황제의 사신으로 방문한 장건을 속국의 사신을 대하듯 접대한 것입니다. 장건은 몹시 기분이 나빴지만, 서쪽 나라의 왕들이 한나라의 물건에 욕심을 낸다는 사실을 알고 있었기 때문에 당당하게 말했습니다.

"한나라 황제께서 내리신 선물입니다. 만약 왕께서 절하지 않으시면 이 선물을 다시 가져가겠습니다."

그때서야 오손 왕은 자리에서 일어나 무제의 선물에 절을 했습니다. 하지만 그 외에는 여전히 거만한 모습을 보였습니다. 장건은 불쾌했지만 자신이 여기에 온 이유를 잊어버리지 말자고 다짐하면서, 자신이 오손을 방문하게 된 까닭을 오손 왕에게 자세히 설명했습니다.

"만약 오손이 동쪽에 거주하던 옛 땅으로 옮겨 와서 산다면, 한나라는 오손을 형제의 나라로 받아들여 흉노에게서 보호해 줄 것입니다. 그리고 한나라와 오손 왕실의 혼인을 추진할 것입니다. 그러면 한나라와 오손은 진정한 가족이 될 것입니다."

장건의 제안에 오손 왕은 쉽게 결단을 내리지 못했습니다. 신하들은 흉노의 포악함과 잔인함을 너무 잘 알고 있기 때문에 흉노를 두려워했습니다. 그래서 흉노의 땅이었던 동쪽의 하서회랑으로 다시 옮겨 가는 것을 모두 반대했습니다.

▶ 이식쿨 호수

오손은 '치롄산'과 '둔황' 일대에서 살았는데, 흉노의 공격으로 서쪽의 이식쿨 호수 일대로 옮겨 가게 되었다. 이식쿨 호수는 세계에서 두 번째로 큰 호수로 겨울에도 얼음이 얼지 않는다는 뜻이다. 중국에서는 '열해(熱海, 뜨거운 호수)'라고 불렀다.

또한 오랫동안 흉노의 지배를 받아 온 그들이 3천 600킬로미터나 떨어져 있는 한나라를 믿는 것은 그리 쉽지 않은 일이었습니다.

오손 왕이 장건의 제안을 받아들이는 것을 주저하는 가장 큰 이유는 오손 내부의 큰 다툼 때문입니다. 이미 예순을 넘은 오손 왕은 뼈만 앙상하게 남은 노인이었습니다. 큰아들이 뒤를 잇기로 했지만 몇 해 전에 병으로 갑자기 죽고 말았습니다. 오손 왕은 큰아들의 죽음을 슬퍼하며, 손자를 다음 왕으로 지명

했습니다. 그러자 오손 왕의 둘째 아들이 이 결정에 불만을 품고 반란을 일으켰습니다. 오손 왕과 손자는 둘째 아들의 반란에 맞서 싸우고 있었습니다.

장건의 끈질긴 설득에도 불구하고 오손 왕은 결정을 내리지 못했습니다. 흉노의 위협과 오손 내부의 다툼, 그리고 한나라에 대한 정보가 부족했기 때문이었습니다. 오손 왕과 신하들은 이렇게 많은 선물을 보낸 한나라의 힘이 어느 정도인지 알고 싶어 했습니다. 그래서 오손도 한나라에 사신을 보내기로 했습니다. 한나라 황제의 선물에 보답하는 뜻으로 훌륭한 말과 함께 말이죠.

장건은 비록 오손과 동맹을 맺는 데에는 실패했지만, 처음으로 서쪽 나라의 사신을 한나라에 데려가게 된 것만 해도 큰 성과라고 판단했습니다. 게다가 무제가 그토록 원하던 한혈마도 수십 마리나 데려갈 수 있게 되었습니다.

장건은 이 기회를 더욱 살리고 싶었습니다. 이미 오손으로 올 때에 함께 데려온 많은 사신을 서쪽의 모든 나라로 보냈습니다. 자신의 발걸음이 닿았던 서역의 나라인 페르가나, 강거, 대월지, 박트리아, 그 밖에도 파르티아와 인도 등에도 많은 선물과 함께 사신을 파견했습니다.

장건의 두 번째 사신 임무는 절반의 실패와 절반의 성공이었습니다. 장건은 자신의 부하들을 서쪽 나라들의 사신으로 보낸 뒤, 오손의 사신들과 명마들을 데리고 한나라로 다시 돌아왔습니다.

오손 공주가 만든 최고의 유행가

장건이 사망한 후, 오손 왕은 한나라의 공주를 아내로 맞이하고 한나라와 동맹을 맺었습니다. 오손이 혼인 예물로 말 1천 마리를 바치자, 한나라는 무제의 형인 강도왕의 딸인 세군(細君) 공주를 많은 하사품과 함께 오손의 왕비로 보냈습니다. 그러자 흉노도 선우의 딸을 오손 왕에게 시집보냈습니다. 오손 왕은 세군을 우부인(右夫人)으로 삼았고, 흉노 공주를 좌부인(左夫人)으로 삼았습니다.

하지만 강제로 오손의 왕비가 된 세군 공주는 낯선 땅에서 고향을 몹시 그리워했습니다. 세군 공주가 고향을 그리워하며 지은 노래가 한나라에까지 알려져 크게 유행했습니다.

나의 집안은 나를 하늘 저편으로 시집보내니
멀리 외국의 오손 왕에게 몸을 의지하네.
게르로 방을 삼고 양털로 담을 쌓아
고기로 음식을 삼고 우유로 물을 삼네.
고향땅을 생각하면 가슴속에 슬픔이 깊어
원컨대 새가 되어 고향으로 돌아갔으면.

▶ 간쑤 성 둔황에 있는 오아시스
하서회랑에 있는 둔황은 서역으로 가기 위해서는 반드시 거쳐 가야 하는 관문이다.
오손과 월지는 흉노에게 쫓겨나기 전 둔황, 치롄산, 하서회랑 일대에 살았다.

[실크로드의 은하수가 되다]

장안에 돌아온 장건은 마음이 무거웠습니다. 임무를 완수하지 못해 밤잠도 설쳤죠. 하지만 무제는 장건을 크게 환영해 주었습니다. 비록 오손과 동맹을 맺지 못했지만, 장건이 처음으로 서역 사신들을 데리고 왔기 때문입니다. 또한 장건은 무제를 위해 오손의 명마를 가져오기까지 했습니다. 무제는 그토록 가지고 싶어 했던 말을 보고 크게 기뻐하며 '천마'라는 이름을 붙여 주었습니다.

무제는 장건의 벼슬을 올려 주었습니다.

"장건에게 외국 사신을 상대하는 최고 관직인 '대행령'을 내리노라."

장건은 모든 사신들이 꿈꾸는 높은 벼슬에 오르게 되었습니다.

오손의 사신들은 흉노의 선우가 사는 선우정을 가장 큰 건물로 알고 있었습니다. 그런데 한나라 수도 장안의 건물들을 보고 눈이 휘둥그레졌습니다.

대행령
한나라 '9경' 중의 하나로, 외국 사신의 접대와 외교를 담당했다. 9경은 한나라에서 가장 높은 벼슬이었던 3공(새싱)에 비금기는 자리였다.

미앙궁
중국 장안 성 성내의 서남쪽에 고조(유방) 때 지은 궁궐로 현재는 그 터만 남아 있다.

특히 황제가 살고 있는 미앙궁을 본 오손 사신들은 하늘나라에 있다고 착각할 정도였으니까요. 그때까지 흉노가 세계의 중심인 줄 알고 있었던 오손의 사신들은 흉노보다 더욱 큰 세상이 있다는 사실을 두 눈으로 똑똑히 확인하게 되었죠.

장건이 서역에 사신으로 떠나는 모습을 묘사한 석상이다.

　장건은 오손의 사신들에게 한나라 곳곳을 구경시켜 주고, 진귀한 물건 등을 보여 주며 한나라의 힘을 충분히 확인시켜 주었습니다. 오손의 사신들은 만족해했습니다. 한나라와의 교역을 꼭 하고 싶다고도 했습니다.
　장건은 오손으로 돌아가는 사신들에게 선물을 듬뿍 안겨 주었습니다. 함박웃음을 지은 오손 사신들은 장건에게 꼭 다시 한나라 사신으로 오겠다고 약속을 했습니다.

장건은 오손이 흉노 대신 한나라의 손을 잡게 될 것이라고 확신했습니다. 그렇게만 된다면 흉노는 한나라를 공격하는 것이 더욱 어려워질 것입니다. 곽거병은 칼로써 흉노를 몰아냈지만, 장건은 외교를 통해 흉노를 묶어 둘 수 있었습니다.

장건이 그토록 소망했던 일의 첫 단추가 채워졌습니다. 장건에게는 아직 할 일이 많이 남아 있었습니다. 인도로 가는 길을 다시 열어야 했고, 오손 이외의 서쪽 나라들과 사이좋게 지내면서 그들과 교류를 활발히 하고, 안전한 길을 통해 여러 나라들이 서로 물건을 교환하는 것도 보고 싶었습니다. 페르가나에서 맛보았던 달콤한 포도주를 한나라에서 다시 마실 수 있다면 얼마나 좋을까요?

오손의 사신이 떠난 후, 장건의 건강은 갑자기 나빠졌습니다. 지난 25년 동안, 장건은 자신의 몸을 돌보지 않고 흉노의 초원을 달려야 했기 때문이었습니다. 장건은 병석에 누웠습니다. 그의 몸은 날이 갈수록 쇠약해졌습니다. 장건은 자신의 운명을 예감했습니다.

"여보, 서쪽 창문을 열어 줘. 무슨 소리가 들리는 것 같지 않아? 어서 서쪽 하늘을……."

아내는 꼭 잡고 있던 장건의 손을 놓고, 말없이 서쪽 창문을 활짝 열었습니다. 장건은 하염없이 서쪽 하늘을 밝게 수놓은 은하수를 쳐다보았습니다. 그의 몸은 아팠지만, 눈빛만은 여전히 빛났습니다.

"내가 서쪽 나라로 보낸 사신들이 한혈마에 포도주를 가득 싣고 오는 저 모습이……. 오! 야광 술잔과 비파도 보여. 저, 저 모습이……."

장건은 어릴 때부터 지금까지 자신의 발걸음을 지켜 주었던 서쪽 하늘의 은하수를 향해 다시 떠났습니다.

> **야광 술잔**
> 흉노의 중심지였던 치롄 산맥 부근의 옥으로 만든 공예품. 색깔은 짙은 녹색이며, 술을 담고 밤에 등불을 비추면 아련한 형광색이 나타난다. 중국 당나라의 한 시인은 "야광 술잔에 맛 좋은 포도주"로 시작하는 유명한 시를 남기기도 했다.

장건은 오손에서 귀국한 지 1년 만에 세상을 떠났습니다. 장건이 죽은 후 그가 대월지, 박트리아, 파르티아 등으로 보낸 사신들이 서쪽 나라의 사신들과 함께 한나라로 돌아왔습니다. 한나라는 서쪽의 나라들과 외교 관계를 맺고 교역을 하기로 했습니다.

아무도 가지 않으려고 했던 곳을 이제는 젊은이들이 앞 다투어 사신이 되어 서역으로 가겠다고 나섰습니다. 한나라에 사신 열풍이 분 것입니다. 그들은 무제의 앞에 설 때나, 서쪽 나라의 사신으로 갈 때마다 '박망후 장건'의 이름을 사용했습니다. 장건이 바로 이 길의 개척자였고, 무제와 외국의 왕들 모두에게 믿음을 주었던 유일한 인물이었으니까요.

장건이 사망한 후 서역으로 사신이 자주 파견되었습니다. 일 년 동안 많으면 열 번 이상, 적어도 서너 번은 있었습니다. 사신이 한 번 떠나면 함께 가는 사람도 수백 명이나 되었습니다. 서역의 나라에서도 한나라에 사신을 파견했습니다. 장건이 개척한 길, 실크로드를 따라 많은 사신과 상인들이 오고 갔습니다.

▶ 중국 간쑤 성 우웨이에 있는 장건 동상

　장건이 죽은 후 실크로드 세계에서는 많은 변화가 일어났습니다. 장건이 죽은 지 5년째 되던 해인 기원전 108년, 한나라와 인도 사이에 위치했던 서남쪽의 여러 나라가 한나라의 손에 들어오게 되었습니다. 장건이 흉노의 방해를 받지 않고 인도와 서역으로 가고자 했던 그 길이 마침내 열린 것입니다.
　장건이 죽은 지 9년째 되던 해인 기원전 104년, 오손 왕이 파견한 사신이 천 마리가 넘는 말을 이끌고 한나라로 왔습니다. 오손과 한나라 사이에는 혼인을 맺어 관계를 더욱 돈독히 했습니다. 장건이 오손에 뿌린 씨앗이 결실을 맺은 것입니다. 무제는 페르가나의 한혈마를 들여오고 싶어 했습니다. 하지만 페르가나는 이를 거부했습니다. 화가 난 무제는 20만 명의 원정군을 파견해서, 페르가나를 정복하고 한혈마를 손에 넣었습니다. 이 전쟁으로 한나라의 위력을 알게 된 서역의 나라들은 앞다투어 한나라에 사신을 파견했습니다. 이로 인해 한나라는 서역에 대한 영향력을 더욱 높일 수 있었습니다.

장건이 죽은 지 54년째 되던 해인 기원전 59년, 한나라는 서쪽 나라들에 대한 영향력을 높이기 위해 쿠차에 서역도호부라는 관청을 설치했습니다. 북쪽으로부터 침입하는 흉노 군대를 막아 내고, 한나라와 서역 나라들 사이의 교역로를 지켜 내기 위해서였습니다. 이 관청이 설치되면서, 한나라와 서역을 오가는 상인들은 안전하게 교역을 할 수 있게 되었습니다.

장건이 죽은 지 280년째 되던 해인 기원후 165년, 로마 제국의 제16대 황제인 마르쿠스 아우렐리우스의 사신이 한나라에 도착했습니다. 로마의 사신은 한나라 황제에게 상아, 무소뿔, 바다거북 등을 선물로 바쳤습니다. 이 사건으로 동양과 서양을 대표하던 두 나라가 서로 교류하게 되었습니다. 중국의 비단이 장안에서 서쪽을 향해 출발하면, 로마의 유리가 동쪽의 세계를 향해 떠났습니다. 동양의 비단과 서양의 유리가 만났던 곳, 그곳이 바로 장건이 개척한 실크로드였습니다.

▶ **자위관**
만리장성의 서쪽 끝의 관문이다. 자위관을 따라 쌓은 장성은 치롄 산맥 부근까지 이어진다. 이 북쪽 기슭을 따라 하서회랑이 있다.

실크로드로 배우는 세계·문화·역사

○장건은 어떤 사람일까요?
○장건이 개척한 실크로드
○장건이 활동했던 시기의 실크로드 세계
○한나라 무제의 정복 활동
○실크로드의 동쪽, 기원전 2세기의 우리나라
○장건의 실크로드 이동 경로
○세계 역사 연표

장건은 어떤 사람일까요?

사마천이 쓴 중국 역사서 『사기』에는 장건에 대한 기록이 있습니다. 장건이 첫 번째 사신 임무를 맡아서 대월지로 떠난 기원전 139년경부터 그가 사망한 기원전 114년까지의 활동에 대해서는 비교적 자세하게 소개하고 있습니다. 하지만 장건의 출생과 성장 과정에 대해서는 거의 기록되어 있지 않습니다.

『사기』를 토대로 장건의 생애를 정리해 보면 다음과 같습니다.

기원전 ?	출생 연도 알려지지 않음. 중국 산시 성 청구 현 출신.
기원전 141년	한나라 제7대 황제 무제 즉위.
기원전 139년경	한 무제가 즉위할 무렵 궁궐의 경호관이 됨. 한 무제가 대월지에 갈 사신을 모집하자, 이에 응모함. 사신으로 발탁되어 100여 명과 함께 장안을 출발했지만, 흉노 지역에서 붙잡혀서 10년 동안 흉노에 감금됨.
기원전 129년경	부하 감보와 함께 흉노에서 도망쳐서, 페르가나를 거쳐 대월지에 도착. 대월지와의 동맹에 실패하고, 서아시아에서 1년 정도 머문 후 귀국을 시도하다가 다시 흉노에게 잡혀서 감금됨.
기원전 126년	흉노의 정치적 혼란을 틈타 탈출에 성공하여 한나라로 귀국함. 태중대부(황제의 고문)에 임명됨.

기원전 123년	위청의 흉노 공격에 참가하여 전쟁에서 공을 세우고, 박망후가 됨.
기원전 122년	동남아시아와 인도를 경유하는 서역 교통로 개척을 무제에게 권유. 이어서 촉나라를 거점으로 하는 교통로를 탐험해 전나라와 외교 관계를 맺음.
기원전 121년	지원 군대의 책임자로 임명되어 1만 명의 병사를 이끌고 흉노 공격에 참가했지만, 약속 시간보다 늦게 도착함. 사형을 면하고 평민이 됨.
기원전 115년	오손과 동맹을 맺기 위해 사신으로 임명되어 파견되었지만, 임무를 완수하지 못함. 하지만 부하들을 오손 주변의 나라에 파견하고, 오손의 답례 사절과 함께 귀국. 대행(외국 사신 담당관)으로 임명되고, 9경의 자리에 오름.
기원전 114년	장안에서 사망.

『사기』에 나타난 장건의 활동 기간은 26년입니다. 장건은 26년의 기간 중에서 절반이 넘는 17년을 외국 땅에서 살았습니다. 흉노에게 붙잡혀서 포로가 된 10년을 제외하더라도 대부분의 시간을 척박한 사막과 험난한 고원으로 뒤덮인 실크로드 위에서 보냈습니다. 중국 북쪽의 사막에서부터 서남쪽의 산악 지대, 그리고 톈산 산맥의 남쪽과 북쪽의 높은 고원 곳곳에 이르기까지 장건의 발길이 닿지 않은 곳이 없을 정도였습니다.

장건은 한나라를 위해 많은 공을 세운 신하였습니다. 사신이 되기 전에 장건의 지위는 '낭관(궁궐수비대의 하급 관리)'에 지나지 않았습니다. 하지만 사신의 임무를 마치고 귀국했을 때 장건은 한나라에서 흉노와 서역의 나라들에 대한 많은 정보를 가진 유일한 사람이 되어 있었습니다. 그 정보를 바탕으로 장건은 흉노를 물리치고 서역의 나라들과 교류하는 데 큰 역할을 하게 됩니다. 그 공을 인정받아 황제의 자문(태중대부), 제후(박망후), 장군이 되었다가, 마침내 외교 업무를 책임지는 최고 벼슬(9경)에 오르게 되었습니다.

비록 하급 관리였지만 장건은 미지의 땅에 대한 두려움이 없었고 큰 공을 세웠기에 높은 자리에까지 오를 수 있었습니다. 장건의 성공 이야기는 한나라 젊은이들에게도 큰 영향을 미쳐 장건과 같은 사신이 되려는 젊은이가 넘쳐 났습니다. 사신 열풍이 분 것입니다. 이를 계기로 서역으로 떠나고자 하는 사람들이 늘어나면서 한나라와 서역 나라들 간의 교류와 교역은 더욱 활발해졌습니다.

　서역의 여러 나라들도 동양의 큰 나라와의 교류의 길을 열어 준 장건을 깊이 신뢰했습니다. 중국의 역사책에 "사람됨이 강직하고 너그러우며 믿음직하여 외국 나라들이 그를 사랑했다"라고 기록되어 있는 것에서도 알 수 있습니다.

▶ 장건의 묘
장건의 묘는 산시 성 한중 시 청구 현에 있다.

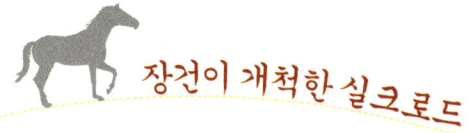
장건이 개척한 실크로드

　2천 년이 넘는 세월 동안 실크로드는 동양과 서양을 이어 주는 역할을 했습니다. 실크로드를 통해 서쪽 끝으로는 아랍 세계와 유럽까지, 동쪽 끝으로는 중국과 우리나라까지 이어졌습니다. 그리고 그 길을 따라 동서양의 문물과 사람들이 서로 오고 갔습니다.

　실크로드는 크게 주요한 세 개의 길로 나뉩니다. 중앙아시아의 여러 오아시스를 통과하는 오아시스길, 유럽과 아시아의 북쪽 초원을 가로지르는 초원길, 그리고 아라비아 해-인도양-동남아시아와 동아시아의 바다로 이어지는 바닷길입니다. 동서 문명 교류에서 가장 큰 역할을 담당했던 길은 오아시스길이었습니다.

　그리스에서 파미르 고원까지의 서쪽 길은 기원전 4세기 알렉산드로스 대왕의 원정으로 개척되었습니다. 하지만 험난한 고원과 높은 산맥들로 이루어진 동쪽 길은 쉽사리 개척되지 못했습니다. 기원전 2세기에 장건이 오아시스 동쪽 길의 존재를 한나라에 알리면서 비로소 동서 문명은 연결될 수 있었습니다. 초원길과 바닷길이 아직 활발한 기능을 하지 못했던 상황에서 동쪽을 대표했던 한나라와 서쪽을 대표했던 로마가 오아시스길을 통해 서로 만나게 된 것입니다.

　물론 장건이 실크로드를 최초로 개척한 것은 아니었습니다. 서역과 중국의 교통로는 장건 이전에도 있었고, 월지나 흉노를 비롯한 중앙아시아의 여러 부족들은 이미 그 길을 통해 사람과 물품을 이동시키고 있었으니까요.

월지가 중앙아시아에서 힘을 떨쳤던 시기에는 호탄의 옥과 중국 비단이 월지를 통해서 동서 방면으로 중계되었습니다. 서역의 나라들은 비단을 싣고 와서 파는 월지를 '비단의 민족'으로 불렀고, 중국은 '옥의 민족'으로 불렀습니다.

　월지가 흉노에게 패해 서쪽으로 쫓겨난 후, 실크로드는 흉노의 군대가 지나다니는 길이 되었습니다. 흉노는 강력한 군사력을 보유하였을 뿐만 아니라, 상업에도 많은 관심을 보였습니다. 그들은 카라샤르와 위수(중국 칭하이 성 위수티베트족 자치주에 있는 현)에 거점을 마련해서, 서역 나라들로부터 세금을 거두고 교역을 담당하는 관청을 설치하기도 했습니다. 흉노는 한나라로부터 공물로 받은 많은 비단을 파르티아를 비롯한 서역 여러 나라에 수출해서 막대한 이익을 얻고 있었습니다. 월지와 흉노가 부분적인 중계무역을 했다고 하더라도, 실크로드는 장건을 통해서 본격적으로 열리게 되었다고 말할 수 있었습니다.

　장건의 실크로드 개척은 중국의 발전에도 지대한 영향을 미쳤습니다. 우선 중국이 지중해부터 서남아시아를 포함하는 서쪽의 세계와 연결되어 교역을 할 수 있게 되었습니다. 장건이 두 차례에 걸쳐 사신 임무를 수행하는 과정에서 중국 역사상 처음으로 서역과의 외교가 이

▶ **호탄왕**
우전국(현재 호탄)의 국왕 이성천의 초상이다. 호탄은 옥 생산으로 유명한 곳으로, 왕은 양손에 옥 반지를 끼고 있고, 허리에도 옥 조각을 한 검을 차고 있다.

루어지게 된 것입니다. 또한 장건이 서역을 다녀오면서 보고 들은 것을 한나라에 전함으로써 서역에 관한 지식과 정보가 풍부해졌습니다.

「장건의 사신 파견으로 교류된 물품들」

한나라는 서역과의 교류를 원했지만 쉽지 않은 일이었습니다. 장건이 살아 있을 당시에 서역의 물품이 한나라에 수입된 것은 오손의 한혈마밖에 없었습니다. 하지만 장건이 죽은 후 그가 개척한 길을 통해 한나라와 서역 나라들 간에 교류가 활발해졌고, 서쪽의 많은 물건들이 한나라로 전해지게 되었습니다.

페르가나의 한혈마, 호탄의 옥, 포도, 석류, 호도, 자주개자리(한혈마의 사료), 깨, 오이, 누에콩, 마늘 등의 서역 물품이 한나라에 전해졌습니다. 또한 이집트산 유리(로만글라스), 인도산 후추, 아라비아산 유향과 소말리아산 몰약 등의 향료, 로마산 옷감과 보석 등 각종 서양의 물건들이 실크로드를 통해 전해지기도 했습니다.

한나라의 물품도 실크로드를 통해 서역으로 전해졌습니다. 물론 가장 인기 있는 물품은 비단이었습니다. 이 외에도 칠기, 철기, 옥 제품, 각종 장식품 등이 서역으로 건너갔고, 서역 상인들의 손을 거쳐 멀리 유럽에까지 전해지게 되었습니다.

▶ 석류

장건이 활동했던 시기의 실크로드 세계

「아시아」

　기원전 3세기 초반, 중국 북쪽에서는 세 개의 유목 민족이 서로 경쟁하고 있었습니다. 몽골 고원에는 흉노족이 거주했으며, 흉노의 동쪽에는 '동호', 흉노의 서쪽에는 '월지'가 큰 세력을 형성했습니다. 이 세 나라 중에서도 하서회랑과 실크로드의 중요 지역을 차지하고 있던 월지가 가장 큰 힘을 가지고 있었습니다. 흉노는 이때까지만 해도 동호와 월지의 간섭을 받으면서, 그들의 눈치를 봐야 하는 힘없는 나라였습니다.

　하지만 기원전 3세기 중·후반 이후 흉노는 무섭게 성장해 갔습니다. 그러면서 월지와 흉노는 팽팽한 긴장 관계 속에 있었습니다. 두만 선우(흉노 제국 제1대 선우. 재위 ?~기원전 209)는 월지를 안심시키기 위해 자신의 아들인 묵특을 월지에 인질로 보냅니다. 하지만 두만 선우는 얼마 후 월지를 기습적으로 공격했습니다. 월지는 흉노의 배신에 분노하면서 묵특을 죽이려고 했지만, 묵특은 월지에서 가까스로 탈출하지요. 두만 선우는 묵특이 자신의 뒤를 이어 선우가 되는 것을 원하지 않았습니다. 이 사실을 안 묵특은 자신의 군대를 키워서 아버지 두만 선우를 죽이고 선우 자리를 차지했습니다.

　묵특이 선우가 된 뒤에 실크로드 세계의 지배권은 흉노의 손으로 들어가게 됩니다. 묵특 선우는 동호의 무리한 요구를 들어 주며 그들을 안심시킨 뒤, 잘 훈련된 군대를 동원하여 공격했고, 동호의 이름은 역사 속에서 사라지게 되었습니다. 다시 월지의 중앙부를 공격해서 점령했는데, 이로 인해 월지 세력은 흉노를 가운데에 두고 남북으로 분리되었습니다.

　서역의 나라들을 물리친 묵특의 마지막 상대는 한나라였습니다. 묵특은 기원전 200년경에 한나라를 공격해서 유방 황제의 항복을 받아 냅니다. 바로 유명한 '백등산의 굴욕'입니다. 이 사건 이후 45여 년 동안, 한나라는 흉노를 형으로 삼고, 한나라의 공주를 흉노 선우의 아내로 보내며, 매년마다 비단을 비롯한 많은 물품을 바쳐야 했습니다. 세계의 중심에 흉노가 우뚝 서게 된 사건이었습니다.

　이후 노상 선우가 묵특의 뒤를 이어 흉노의 발전을 이끌었습니다. 노상 선우는 한나라의 환관이었던 중항열을 기용하여, 흉노 제국의 제도를 만들어 갔습니다. 또한 월지 왕을 죽여 그 해골로 술잔을 만들었으며, 한나라를 공격해서 외교 관계의 주도권을 차지했습니다. 월지는 흉노의 공격을 더 이상 견디지 못하고 서쪽으로 달아나야 했고, 한나라는 막대한 공물을 바쳐서 흉노의 공격을 피해야 하는 처지가 되었습니다.

　기원전 2세기 중반까지 기세등등했던 흉노의 자신감은 한나라 무제의 등장과 함께 꺾이게 됩니다. 무제는 흉노를 물리치기 위해서 외교와 군사, 두 방법을 모두 활용했습니다. 장건을 대월지의 사신으로 파견하는 한편, 위청·이광·곽거병 등의 장군들에게 많은 군사를 이끌고 흉노를 공격하게 했습니다.

▶ 중국 산시 성 역사박물관에 있는 한나라 때의 염소 금석상

한나라의 군사력과 국력을 바탕으로 장기전을 펼친 결과, 한나라는 흉노를 고비 사막 북쪽으로 몰아내었고 장건이 개척한 실크로드의 주도권을 완전히 차지하게 됩니다.

「실크로드의 서쪽, 유럽」

장건이 활동했던 기원전 2세기~기원전 1세기, 유럽에는 로마가 있었습니다. 로마는 한때 에트루리아 출신 왕의 지배를 받았습니다. 그러다가 기원전 510년경 왕을 추방했습니다. 로마는 왕정(임금이 다스리는 정치)을 폐지하고, 공화정을 수립하였습니다. 공화정(共和政)이란 귀족과 평민이 공동으로 나라를 다스리는 것을 말합니다.

공화정이 수립된 이후 로마는 이탈리아 중부에서 지중해 세계 전체로 영토를 넓혀 갔습니다. 기원전 3세기에는 북아프리카, 이베리아 반도, 그리스까지 정복했습니다. 로마는 공화정의 발달을 토대로 기원전 226년에 이탈리아 반도를 통일하였습니다. 그 이후 로마는 지중해 세계 패권을 놓고 페니키아의 식민지였던 카르타고와 싸우게 되었는데, 이것이 바로 포에니 전쟁입니다. 포에니 전쟁은 기원전 264년에서 기원전 146에 걸쳐 일어났습니다. 포에니는 라틴어로 '페니키아인'을 뜻합니다. 3치에 걸친 전쟁 끝에 포에니 전쟁에서 승리한 로마는 서지중해의 패권을 장악하고, 계속 영토를 확대하였습니다.

한편, 기원전 334년에 알렉산드로스 대왕에 의해 페르시아를 멸망시키고 유럽·아시아·아프리카에 걸친 대제국을 건설한 그리스는 알렉산드로스 대왕이 죽은 후 세 개의 지역으로 나누어졌습니다. 그리스 지역에는 마케도니아 왕국, 이집트 북부에는 프톨레마이오스 왕조 그리고 페르시아에서 중앙아시아에 이르는 지역은 셀레우코스 왕국이 차지했습니다. 알렉산드로스 대왕 시기에 최고의 전성기를 누렸던 마케도니아 왕국은 그가 죽은 후 그리스와 마케도니아를 통치하는 작은 나라가 됩니다. 이후 마케도니아는 기원전 171년부터 기원전 168년 사이에 벌어진 로마와의 전쟁에서 패함으로써 로마의 속주(屬州)가 되었습니다.

알렉산드로스의 부하였던 프톨레마이오스는 이집트의 왕이 되었습니다. 프톨레마이오스 왕조는 이후 기원전 30년, 로마 공화정에 멸망하기까지 약 300년간 이집트의 통치자로 군림했습니다. 셀레우코스 왕국은 알렉산드로스 제국 중 가장 넓은 지역을 통치했는데, 기원전 64년 로마의 공격에 의해 망하고 말았습니다.

번성하던 로마 공화정은 기원전 2세기 말부터 위기를 맞이했습니다. 로마의 영토는 빠르게 팽창했지만, 평민들의 삶은 나날이 피폐해졌기 때문입니다. 로마 공화정의 위기를 해결하기 위해 마리우스, 술라, 폼페이우스, 카이사르 등의 뛰어난 군인들이 활약하기도 했습니다. 하지만 위기가 해결되지 않자, 기원전 1세기에 옥타비아누스가 공화정을 폐지하고 황제가 나라를 다스리는 '제정 시대'를 열었습니다.

한나라 무제의 정복 활동

무제 시기의 한나라 영토

한나라가 건국된 후 초기의 60년은 백성들의 세금을 가볍게 하고, 흉노와 평화로운 관계를 유지하면서 나라가 안정되어 있었습니다. 한나라의 제7대 황제였던 무제(재위 기원전 141~기원전 87)는 왕위에 오른 후 한나라의 안정된 힘을 기반으로 본격적으로 정복 전쟁에 나섰습니다. 그는 54년의 긴 시간 동안 한나라를 다스리면서 동서남북으로 영토를 넓혀, 아시아의 지도를 바꾸어 놓았습니다.

무제가 가장 많은 관심을 쏟은 것은 북쪽에 위치한 흉노였습니다. 한나라는 제1대 황제였던 고조(유방)의 백등산 패배로, 흉노에게 꼼짝 못하는 상황이었습니다. 무제는 지금까지의 황제와 달리 흉노를 물리치겠다는 계획을 세웠습니다.

무제는 기원전 129년에서 119년의 10년 동안, 10만 명이 넘는 대규모 원정대를 여러 번 파견하여 흉노를 고비 사막 북쪽으로 내쫓았습니다.

무제는 흉노에게서 빼앗은 땅에 두 개의 군(장액군, 무위군)을 설치하고, 백성을 옮겨 살게 해서 이곳을 한나라의 영토로 만들었습니다. 무제가 흉노를 북쪽으로 몰아내면서, 그때까지 흉노의 눈치를 보았던 서쪽의 오아시스 국가들도 한나라와 동맹을 맺고, 교류를 할 수 있게 되었습니다. 이는 한나라가 흉노의 땅이었던 서역으로 가기 위해서는 반드시 거쳐 가야 하는 하서회랑 전체를 차지할 수 있었기 때문에 가능했습니다.

가장 강력한 적을 물리친 무제는 한나라의 남쪽으로 눈을 돌렸습니다. 그는 한나라 남쪽의 '민월'과 '동월'을 정복했으며, 기원전 111년에는 '남월'을 멸망시켜 한나라의 영토를 넓혔습니다. 이때 베트남의 수도인 하노이 일대가 정복되었는데, 이때부터 베트남 북부 지역이 중국의 지배를 받게 되었습니다. 또한 장건이 인도로 가는 길을 찾기 위해 사신을 파견했던 야랑·전 등의 작은 나라들도 한의 지배를 받게 되었고, 동남아시아와 인도로 나아가는 길을 열게 되었습니다.

무제의 영토 확장은 여기서 멈추지 않았습니다. 기원전 109년에는 동쪽에서 힘을 키워 가고 있던 고조선을 공격했습니다. 대규모의 수군과 육군을 동원해서 고조선을 정복하려고 했지만, 고조선의 저항은 만만치 않았습니다.

기원전 108년까지 고조선의 수도 왕검성을 포위했지만 군사력으로 정복하지는 못했습니다. 결국 고조선 내부에서 분열이 생겨 신하들이 왕을 죽이고 항복하면서 동쪽의 땅도 한나라의 영토로 삼을 수 있었습니다.

▶ **베트남의 수도인 하노이 시가지 전경**
하노이는 한나라뿐 아니라 중국의 역대 왕조들의 지배를 받았다.

　또한 무제는 기원전 104년부터 기원전 101년까지 파미르 고원 주변에 있었던 페르가나에 대규모 원정군을 보내기도 했습니다. 서역으로 가는 길이 열리자, 무제는 장건으로부터 들었던 페르가나의 명마(한혈마)를 교역하고 싶어 했습니다. 무제는 페르가나에 사신을 보내 한혈마를 교역할 것을 제안했지만 페르가나 왕은 그 제안을 무시했습니다. 이에 화가 난 무제는 대규모 군대를 이끌고 페르가나를 공격했습니다.

기원전 104년의 1차 원정은 실패로 끝났지만, 2차 원정에서 한혈마를 포함한 3천 마리의 말과 페르가나 왕의 목을 얻게 되었습니다. 또한 한나라와 페르가나 사이에 있는 서역의 작은 나라들도 모두 한나라를 섬기게 되었습니다.

무제는 중국 역사상 가장 넓은 영토를 만들어 한나라의 전성기를 이끌었습니다. 무제는 대규모 정복 활동으로 자신의 이름을 세상에 알렸기 때문에 그가 죽은 뒤 '무력'을 의미하는 무제라는 이름을 가지게 되었습니다.

▶ 우웨이에서 출토된 한혈마 청동상
간쑤 성 우웨이의 레이타이한무 묘에서 출토된 한혈마의 청동상이다.

실크로드의 동쪽, 기원전 2세기의 우리나라

장건이 실크로드를 개척했던 기원전 2세기에 우리나라에는 최초의 국가인 고조선이 있었습니다. 고조선은 기원전 4세기부터 중국과 맞서 싸우면서, 제도와 기술을 발전시켜 갔습니다. 하지만 기원전 3세기에는 전국시대 연나라의 장군인 진개가 고조선을 공격해서 많은 피해를 입기도 했습니다.

또한 기원전 2세기 초반에 큰 사건이 발생합니다. 중국에서 고조선으로 망명한 위만이라는 사람이 고조선의 준왕을 쫓아내고, 새로운 왕이 된 것입니다.

기원전 4세기~기원전 3세기에 중국은 춘추전국 시대라는 혼란기를 겪고 있어서 많은 중국인들이 삶의 안정을 찾아 고조선으로 이주해 왔습니다. 진나라의 시황제가 중국을 통일했지만, 얼마 되지 않아서 무너졌고, 중국은 다시 혼란에 빠지게 되었습니다. 위만은 이때 고조선으로 망명해 온 중국의 관리였습니다. 그는 고조선 준왕의 신임을 받아 힘을 키운 뒤, 반란을 일으켜 고조선을 차지했습니다.

새롭게 왕이 된 위만은 나라 이름을 그대로 사용했으며(이때의 고조선을 '위만조선'이라고도 함), 중국의 철기 문화를 받아들여 고조선의 힘을 더욱 키워 나갔습니다.

고조선은 성장한 힘을 기반으로 한반도 서북부를 비롯해, 남쪽과 동쪽으로 영토를 넓혀 갔습니다. 또한 고조선은 한반도 남쪽의 '진국'과 한나라가 직접 교역하는 것을 막은 뒤, 중계무역을 통해 경제적 이익을 키워 갔습니다. 고조선의 빠른 성장은 한나라 무제의 신경을 날카롭게 만들었습니다.

하지만 무제가 더욱 관심을 가졌던 것은 고조선과 흉노가 연합해서 한나라에 맞서는 문제였습니다. 고조선이 흉노와 활발하게 교류하면서 세력을 키워 가고 있었기 때문입니다.

무제는 고조선의 마음을 돌리기 위해 고조선에 '섭하'라는 사신을 파견했습니다. 한나라 사신 섭하는 고조선 왕의 마음을 흉노로부터 돌리려고 노력했지만, 결국 실패하고 말았습니다. 그러자 섭하는 한나라로 돌아가는 길을 안내했던 고조선 장군을 죽이고 달아났습니다. 이 사건을 들은 고조선의 우거왕은 크게 분노해서, 섭하를 추격해서 그를 죽여 버렸습니다. 섭하의 죽음을 계기로 고조선과 한나라의 사이는 급격하게 나빠졌습니다.

마침내 무제는 기원전 109년에 7천 명의 수군과 5만 명의 육군을 보내 고조선을 공격했습니다. 고조선은 한나라 군대를 격파하면서, 끈질기게 맞서 싸웠습니다. 한나라 군대는 고조선과 정면 대결하는 대신 고조선의 지배층을 갈라놓는 등의 방법을 써서 내부 분열을 꾀했습니다. 전쟁이 오랫동안 지속되면서, 고조선의 지배층 중 한나라와 손을 잡기는 원하는 세력들이 우거왕을 죽이고 한나라에 나라를 내어 주었습니다.

우리의 첫 나라였던 고조선은 실크로드 세계의 변화 속에서 안타깝게 사라졌습니다.

세계 역사 연표

		세계	중국	한국
기원전 3세기	유럽 로마 공화국 (~27)	-272 로마, 이탈리아 반도 통일 -268 인도 아소카 왕, 남부 이외의 전국 지배 -264 1차 포에니전쟁 -248 파르티아, 시리아로부터 독립 -230 인도, 전국에 불교 보급 -218 2차 포에니전쟁 -209 흉노, 묵특이 선우로 즉위	전국시대 -244 진나라 정(후에 시황제), 왕으로 즉위 진 -221 진, 중국 통일 -215 몽염, 흉노 정벌 -209 진승와 오광의 난	고조선 (단군조선) -214 부왕 즉위 -209 진에서 수만 가구가 피난 옴
기원전 2세기	서아시아 박트리아, 파르티아 왕국 등 (330~1450) \ 인도 마우리아 왕조 ~ 숭가 왕조 \ 중앙아시아 대월지, 흉노 제국 등	-201 2차 포에니전쟁 종결 -184 인도, 숭가 왕조 성립 -174 흉노, 노상 선우 즉위 -146 로마, 카르타고를 멸망시킴 -133 로마, 그라쿠스 형제의 개혁	-202 유방, 항우를 격파하고 한나라 건국 -200 유방, 묵특에게 패배 (평성 전투) 한 -154 오초7국의 난 -141 무제 즉위 -139 장건, 대월지에 사신으로 파견(~기원전 126) -115 장건, 오손에 사신으로 파견 -111 남월과 서남이 평정 -102 이광리, 페르가나 정복 -97 사마천, 『사기』 완성 -87 무제 사망	-194 위만조선 성립. 준왕, 남쪽으로 달아나 한왕이라 칭함 고조선 (위만조선) -109 한나라의 왕검성 포위 -108 위만조선 멸망, 한군현설치
기원전 1세기		-73 로마, 스파르타쿠스의 반란 -72 인도, 칸바 왕조의 성립 -60 로마, 1차 삼두정치 시작 -54 흉노, 동서로 분열 -44 로마, 카이사르 암살 -27 로마, 황제정 시작	-59 서역도호부 설치	초기 국가 시대 -82~75 고구려족, 임둔·진번·현도군을 몰아냄 -57 신라 건국 -37 고구려 건국 -18 백제 건국

○ 연표는 시기는 모두 기원전으로, 표기는 생략했습니다.

찾아보기

찾아보기

ㄱ

가의 44

간쑤 성 15, 39, 66, 71, 92, 102, 109, 114

감보 40, 48-50, 54, 55, 59, 64-66, 71, 74

강거 59, 62, 74, 107

강족 67

거용관 51

게르 53

고비 사막 81, 90, 91, 97, 99

고조선 30, 131, 134, 135

곽거병 85, 86, 90, 96-100, 112

관직 35, 110

교류 18, 57, 59, 101, 112, 115, 121, 122

교역 18, 59, 66, 75, 78, 79, 82, 111

교하 고성 57

구자국 56

군신 선우 42-44, 49, 54, 68-71

궁궐수비대 14, 16

귀산성 46, 94

금 104

기마병 14, 25-27, 31, 42, 57, 79, 80, 83, 85, 86, 88

ㄴ

네이멍구 자치구 32, 41, 58, 77

노구수 22

노략질 79

노상 선우 31, 42

누란 66-67

니사 유적 75

ㄷ

대나무 38, 64, 82

대상 59

대완 55

대월지 54, 62-64, 66, 77, 104, 107, 113

대장군 79, 80, 85, 96

대행령 110

동남아시아 121, 123

동맹 18, 26, 43, 107, 108, 110, 121

둔황 37, 56, 71, 87, 107, 109

ㄹ

람지성 64

로마 75, 115

ㅁ

마르쿠스 아우렐리우스 115

마유주 48-50, 52

만리장성 25, 27, 28, 38, 77

모래폭풍 98

몽골 고원 32, 126

몽염 장군 25, 27, 77, 79

무소뿔 115

무위군 102

무제 30-37, 40, 51, 74, 76-82

묵특 선우 26, 66

미앙궁 110

ㅂ

바다거북 115
박망후 81, 82, 85, 89, 91
박트리아 62-64, 66, 82, 107
백등산 26, 30, 127
베이징 51, 87
벼슬 31, 33, 68, 74
별궁 31
복류수 81
봉수대 97
부절 38, 45, 52, 62, 69, 101
비단 101, 104, 115
비파 115

ㅅ

사기 91, 120
사신 18, 31-36, 39, 44-45, 57, 58, 62, 64, 69, 71, 82, 101, 104, 105, 107
사차 66
상아 115
서역도호부 115

석류 78
선우정 42, 68, 69, 71, 110
소그디아나 63
소륵국 56
수도 14, 30
시르다리야 강 55, 58
시안 30
시황제 25, 27
신독국 65
신장웨이우얼 자치구 56, 57, 66, 104
실크로드 18, 39, 56, 61, 66, 75

ㅇ

아무다리아 강 62, 63
아프가니스탄 64, 66
악수 104
알란 76
야광 술잔 113
야랑자대 83
양 104
양관 87

어단 70, 79
언기국 56
엄채 76
연지산 97
오르도스 27, 68, 77
오손 56, 66, 76, 101, 104-111
오아시스 56, 60, 66, 67, 109
외교 31, 42, 43, 101
요새 52, 77, 79
우웨이 114
우전국 124
우현왕 79, 80
울란바토르 45
원정 80, 115
위청 51, 79, 80, 85, 98
윈난 성 82
유르트 53
유리 115
유목 민족 24, 27, 48, 49, 53, 59, 64, 76
유방 25, 26
은하수 34, 36, 110-113
음산 산맥 32
이광 86-89

찾아보기

이라크 74
이란 30, 75
이식쿨 호수 104, 105
이치사 70, 71, 79, 96, 98
인도 65, 66, 76, 82, 107, 112

ㅈ

자위관 116
자주개자리 78
장건 서역 출사도 37
장안 30, 32, 33, 38, 62, 78, 99
장액 102
전나라 82
전투 43, 58, 68, 80, 85, 86
정벌 27, 77, 82
제후 18, 81
조지 74, 76
좌현왕 79, 88
주천 46
중항열 44
지팡이 64, 82
진나라 25, 27

ㅊ

차말 46
차사국 56
참모 80
천마 77, 110
치롄 산맥 43, 116
칠색산 102

ㅋ

카라샤르 54, 56, 124
카슈가르 56
코끼리 82
쿠차 56
쿤룬 산맥 64, 65
키르기스 59

ㅌ

타림 분지 56, 66, 67
타조 74

태중대부 74, 120
텐트 53
톈산 남로 56
톈산 산맥 54, 56, 58, 60
투루판 57
티베트 80

ㅍ

파르티아 74-76, 107, 115, 124
파미르 고원 54, 55
페르가나 55, 57-59, 74, 76, 77, 107, 112
포도 55, 57, 77, 78
포도주 59, 76, 78, 112
포로

ㅎ

하서회랑 39, 80, 85, 96, 101, 104, 105, 109
한족 67

한혈마 76, 77, 82, 84, 97
해골 술잔 31, 62
호탄 66
혼야왕 96

혼인 68, 105, 108, 114
홍화 97
황하 강 92
후허하오터 41

휴도왕 96
휴전 100

사진 출처_
12-13 치롄 산맥, 15 양관 고성, 28-29 만리장성, 30 장안, 32-33 음산 산맥, 39 하서회랑, 41 후허하오터, 42-43 치롄 산맥, 45 울란바토르 전경, 49 유목 민족 어린이들, 51 거용관, 53 게르, 54 파미르 고원, 57 교하 고성, 58 시르다리야 강, 60-61 톈산 산맥, 63 사마르칸트, 65 쿤룬 산맥, 67 누란 고성 유적, 68 네이멍구 자치구의 초원, 75 니사 유적, 77 포도, 78 자주개자리, 81 복류수, 87 양관 유적지, 90-91 고비 사막, 92-93 황하 강, 97 한나라 봉수대 유적, 97 홍화, 102-103 장액의 칠색산, 106 이식쿨 호수, 109 둔황의 오아시스, 116-117 자위관, 125 석류, 127 흉노 금석상, 132-133 베트남 하노이 전경ⓒdreamstime 37 장건 서역 출사 도ⓒwikipedia 장건 그림ⓒ이상규

지도 그림_
장건의 실크로드 이동 경로, 무제 시기의 한나라 영토 ⓒ**차영훈**

[지은이]

김대호

고등학교에서 역사를 가르쳤으며, 교육컨설팅 회사를 운영했습니다. 지금은 서울대 역사교육과 대학원에서 한국사를 공부하면서, 학생들을 위한 좋은 역사책을 만들기 위해 노력하고 있습니다. 지은 책으로는 〈서울대학교 뿌리 깊은 역사나무〉와 함께 만든 『한눈에 쏙! 우리역사』, 『실크로드로 배우는 세계 역사』 시리즈의 네 번째 책인 『통일신라의 혜초, 실크로드를 왕오천축국전에 담다』가 있습니다.

많은 사람들이 어린이와 청소년을 위한 역사책은 쉽고 재미있어야 한다고 생각하지만 그보다 더 중요한 것은 역사를 바라보는 올바른 관점을 전해 주는 일이라고 생각합니다. 우리 학생들이 역사를 보는 지혜로운 눈을 가질 수 있도록 내용의 전문성과 흥미를 갖춘 역사책을 만드는 일에 헌신하고자 합니다.

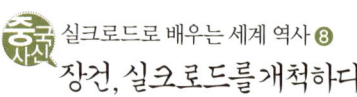

실크로드로 배우는 세계 역사 ❽
장건, 실크로드를 개척하다

김대호 지음

1판 1쇄 펴낸 2012년 5월 14일
1판 3쇄 펴냄 2022년 6월 6일

펴낸이 김정호
펴낸곳 아카넷주니어

편   집 정정희
마케팅 천정한, 우세웅
제작관리 박정은

등록 2006년 11월 23일(제2-4510호)
주소 10881 경기도 파주시 회동길 445-3
전화 031-955-9510(편집) 031-955-9514(주문) **팩스** 031-955-9515
전자우편 editor@acanet.co.kr **홈페이지** www.acanet.co.kr

ISBN 978-89-97296-10-1 74900
      978-89-965640-2-7 (세트)

*아카넷주니어는 학술, 고전 전문 출판사인 아카넷의 어린이 브랜드입니다.
*책값은 뒤표지에 있습니다.